COL

MICHEL DEGUY

Gisants

Poèmes III

1980-1995

Préface d'Andrea Zanzotto

GALLIMARD

PRÉFACE À GISANTS[*]

Dès ses premières œuvres poétiques, Fragments du cadastre *(1960) et* Poèmes de la presqu'île *(1962), la figure de Michel Deguy se caractérise par une vaste inquiétude de la réflexion, vouée à saisir à sa racine quel aspect de l'existence et du monde est transporté dans le monde et dans l'existence par l'acte d'écriture, entendu dans le même temps comme acte créatif et comme acte cognitif. Son activité, au reste, a toujours su préserver, sur le mode de la contamination et de la connivence, une multiplicité d'intérêts intellectuels, critiques et philosophiques, qui attestent, de surcroît, d'un rôle de premier plan dans le champ culturel, auquel ont également contribué des fonctions éditoriales chez Gallimard (le volume* Le Comité, *de 1988, constitue à cet égard un témoignage important).*

Tout au long de son œuvre s'est manifestée, de plus en plus, une vocation à remonter ces chemins où, dans l'acte de création littéraire, se nouent les moments

---

[*] La préface d'Andrea Zanzotto vise moins le présent recueil qui a *Gisants* pour titre général que le volume original *Gisants* paru en 1985. Elle se réfère souvent au livre *À ce qui n'en finit pas* édité au Seuil en 1995, que cette anthologie ne retient pas, ainsi que le souligne l'avant-propos de Michel Deguy.

7

différents et coexistants de la réflexion, de l'invention, de l'attention perceptive, jusqu'à ce point où, dans les œuvres de la maturité, telles Donnant Donnant *(1981)* et Gisants *(1985)*, se réalise une vertigineuse tessiture de registres et de tons qui tendent à relier et à superposer la méditation conceptuelle à l'émotivité, l'imagination à l'autoanalyse — pour ainsi dire «bifocalisée» — du sujet narrateur, qui reste dans le même temps l'agent de toute cette opération.

Deguy est un de ces poètes qui rendent l'écriture perceptible non seulement comme un «dire», mais encore comme un «faire» qui produit un phrasé très proche du «dire» de la parole commune, et qui inscrit cependant dans la parole commune la persistance d'un vécu, quelque chose que la parole transporte avec elle et qui demeurerait, autrement, invisible. Il creuse, jusqu'à la limite du sens, dans la matière qui constitue le véhicule verbal de la communication. Et, pour jouer ce rôle, l'écriture doit se transporter dans cette marge où elle risque de s'interrompre et de déborder hors du champ de tension qui la définit dans les limites d'un genre, d'un ton, d'une attitude et d'un cadre lexical identifiés.

Tout cela se réalise pleinement dans le récent À ce qui n'en finit pas *(1995)*, où l'immédiateté de la voix, d'emblée si proche, persuasive, brûle les scories de la complexité avec laquelle le livre se construit, pour aboutir à ces douloureux confins où la parole et l'expérience se séparent, parce que ce dont on parle — la mort de l'autre — ne survient pas comme expérience mais plutôt comme privation d'expérience.

Depuis ce livre si intense, qui oblige une fois de plus à changer de point de vue, je porte de nouveau mon regard sur l'œuvre de Deguy. Je ne suis pas un critique, ni un vrai lecteur : et même, d'une longue phrase, ma mémoire retient peu de chose, c'est pourquoi mes poèmes ne sont pas mémorables, et se défont dans l'instant même où ils se font. Déjà hier, comme aujourd'hui dans la vieillesse. Et il m'est difficile de parler d'un poète comme Deguy, de son immense gamme d'intérêts, de sa façon de courir le monde comme un qui serait piqué de la tarentule, et avec joie, un qui poursuit, tout en niant qu'il poursuit : je crois qu'il me serait presque impossible de demeurer dans ses parages. À coup sûr, maintenant qu'est apparu son « non-livre », « non-poème », « non-temps », « non-éternité », jamais jusqu'ici écrit par personne, la somme, peut-être, de toutes ces contradictions ; tout le canon ancien, pour veiné et bariolé qu'il ait pu être par une passion-pulsion, à la fois d'écureuil et boulimique, reste en suspens, en une anorexie mystérieuse. En apnée.

Revenir à un livre comme Gisants équivaut, maintenant, à revenir en arrière : sans aucun doute à un autre mode d'être, à une vitalité plus libre, plus invitante que jamais. À une allégorie légère, qui rend parallèles le cours du fleuve et le flanc de l'aimée et qui, même si elle dénonce, ou fait allusion à une rupture ou à un changement de registre dans l'amour, demeure ruisselante d'une ambrosiaque génialité poétique « primordiale ». Eros y brode et s'y insinue partout, même dans les hautes méditations métapoétiques, métalittéraires, déchirées par l'oxymore qui ne fait jamais défaut, et jouées en une intrigue très nerveuse où, des figures de la rhétorique aux détritus ou lambeaux d'un christianisme paradoxal (« eppheta » ; « Ô mort, où est ta défaite », contre-chant du paulinien « Mort, où est ta victoire ? »), on aboutit à une poursuite de presque toutes les expériences poétiques-en-prose possibles. La référence au « gisant », statue sépulcrale, se configure constamment comme un oxymore en regard des thèmes traités.

Je trouve que cet ouvrage de Deguy est étroitement apparenté à ces expériences (de Char à Bonnefoy en passant par Celan) qui, dans l'après-guerre, virent pointer une nécessité absolue de poésie, qui toutefois ne pouvait être conquise qu'au prix de « terroriser » le territoire frontalier entre vers et prose, poésie lyrique et balbutiement, invention et procès-verbal, tout en se laissant terroriser en retour par celui-ci. Deguy semble cependant vouloir en arriver à une inscription du texte à la confluence du discours-récit, qui participe aussi bien de la réflexion théorique que de la verticalité lyrique.

On doit, à ce propos, se référer également à Derrida et à son « école », à ce qu'ils ont dit et fait sur la page, à leur exemple d'écriture (elle-même toujours « exemple » et « greffe » et « superposition ») : ce mouvement qui conduit à exhiber les règles de construction du texte pour ensuite les transgresser (comme on ne peut pas manquer de le faire) au fur et à mesure que surviennent les mots et, à chaque fois, leur irrépressible déplacement d'un pan de monde.

Dans la direction de l'écriture, il peut également arriver que le sujet agissant au sein du discours se comporte comme un locataire qui, afin de mieux connaître la maison qu'il habite, décloue, démonte et empile dans un coin tout le matériau dont elle est faite.

Mais Deguy voit (et donne à voir) la limite de ce procédé et l'ouverture d'un écart abyssal : la poésie existe aussi longtemps qu'elle préserve son « proprium », qui est absolument en porte-à-faux vis-à-vis de l'écriture, même lorsqu'elle entretient des complicités majeures avec celle-ci. On rencontre alors une poésie comme naissant de la prose, dont la prose crée le « lieu », mais qui doit nécessairement sauter, ensuite, dans un style, un phrasé différent : « le bateau, pour être ivre, ne doit pas faire eau de toute part ; doit demeurer (« demeurant » pourrait être un synonyme de gisant) distinct de l'élément qu'il affronte, parcourt, invente : demeurer bien assemblé, pour affronter selon sa loi le parcours dans l'étrange (p. 71). »

Bref, tous les dispositifs et les petites machines textuelles qui ont caractérisé une époque de la culture française sont présents (ainsi, par exemple, le titre qui prend un sens au fur et à mesure que le texte prend forme, le saut entre homophonie et hétérographie, le matériau de rebut de l'expression soumis à un « traitement » philosophique, etc.). Mais ils sont cependant construits avec un sens de la forme — mesure et tension — qui reste éminemment et viscéralement littéraire.

Autre contradiction en regard de Derrida, chez qui la persistance d'un écart de « genre » entre poésie et prose semble demeurer centrale : l'informel de son écriture, consciente de l'impossibilité de franchir la limité, fût-ce dans un équilibre instable ouvert au « poétique », un hasard aujourd'hui contraignant pour l'identification d'une « philosophicité » différente.

S'il est vrai qu'il est aujourd'hui difficile de dire ce qu'est la « poésie », sinon une certaine tension du dire, un certain pli que prend le dire pour parvenir à montrer encore quelque chose de ce que nous avons toujours sous les yeux, Deguy voudrait montrer, avec Gisants, tout à la fois l'artifice et la nécessité naturelle du poème. Et il veut le faire en maintenant en évidence l'intentionnalité qui préside à cette opération. Mais c'est ce qui produit des zones de résolution

11

*incomplète : nécessité et évidence de l'intention s'obs-
curcissent parfois réciproquement — à la différence
de ce qui se passe dans le* Thrênos *pour la mort, la
mort de l'Épouse, où nécessité et intention brûlent
dans une seule et même «mise à feu», mise au point.*

*Gisants est un livre destiné à rester ouvert, frag-
menté dans ses sections, entièrement construit et
libre, qui évolue précisément à l'horizon d'un goût et
d'une culture relativement répandue en Italie, aussi,
mais qui n'y a pas donné des fruits de cette sorte.
D'autre part pour nous, Italiens, tout le Dante stilno-
vistico et les références à la Vita Nova, y compris
avec ses éléments d'*horror *(le premier sonnet), à Béa-
trice, au salut, au thème de la santé-salut tel que
nous le retrouvons dans* Actes *(1966), deviennent
particulièrement aigus et séduisants : et l'on peut
dire que cela advient de façon analogue, puisque le
salut de la présence est ici un salut d'adieu, pour
d'autres situations fondatrices qui apparaissent dans*
Gisants.

*Gisants : mais qui sont-ils? Qui gît? Quelqu'un
comme Deguy peut-il véritablement en parler? Non, il
ne le pourrait pas. Mais c'est précisément pour cette
raison qu'il le peut — qu'il le doit —, et qu'il doit entrer
en lice. Elles sont si nombreuses, les manières par les-
quelles les êtres et les lignes d'horizon plus ou moins
concordantes avec les profils des êtres s'imposent, avec
le retour insistant des proses et des poèmes et de leurs
doubles-faces. Deguy se déplace sur le champ par cha-
cune de ses fibrillations, initiative culturelle, pratico-
culturelle : ils sont là, ses déplacements incessants à la
recherche du monde qui n'est pas là, justement «parce
qu'il n'est pas là», parce qu'il est simulation, acidifi-
cation, destruction et ravaudage de chiffons et rien
d'autre. Le mythe de l'Amérique comme «altérité abso-*

12

lue » source d'altérité, en raison de son rapide et conti-
nuel passage du faire au penser et du penser au faire
— ce vertigineux pragmatisme, cette autodigestion-
invention presque ininterrompue (jusqu'aux paysages
des sciences-fictions torves et globalisantes), devient
l'horizon-confrontation nécessaire.

Quelle énigme se dissimule donc dans l'attention
de Deguy pour le gisant qu'il devrait effleurer à peine,
comme l'exigerait l'organisateur culturel, le traduc-
teur, l'expert en des matières très disparates bien que
toujours reliées à la poésie : une reconstatation que
démentent, sans relâche, tant de « conversations »,
d'accrochages, de superpositions ? D'après le théorème
de Goedel, nous sommes tous des gisants : il n'y aurait
donc pas de metaphérein, de vitesse ni d'acharnement
plus ou moins joyeux qui nous fasse sortir du système
dans lequel nous sommes inclus ? Ou peut-être que si,
la poésie. Qui, pour cette raison, importe et « n'est pas
seule » ? Peut-être que ses tensions anamorphiques,
ses singularités comparables à celles de la physique
sont capables d'identifier un interstice depuis lequel
l'observation, la méta-méta ou, encore mieux, l'ob-
servation par le comme-comme se distingueraient ?

Sidéralisation, parcours du combattant à travers
chaque figure de rhétorique, paix et guerres d'un
amour se transforment en ce livre comme des concré-
tions acérées prêtes à se dissoudre, des attestations
répétées dans lesquelles la poésie s'insinue, et qu'elle
ébranle de son propre questionnement. Et avec elle
entre cette frénésie qui lui fait pendant, peut-être pas
si opposée à celle de l'ennemi, fût-il "américain", tant
il est vrai qu'il n'y a pas d'équivalence, et encore
moins d'équipollence.

Gisants, donc, naît aussi à l'enseigne inaliénable
d'une éthique générale et souverainement endolitté-

raire, raison pour laquelle le terme de poéthique *nous paraît infaillible, et loin du simple jeu de mots.*

Mais, encore une fois, qui sont les Gisants ? *Chacun est-il inévitablement enclos dans son gésir destinal, en dépit de son mouvement conscient même, ou de l'absence de mouvement qui est œuvre de mort consciente, mort intérieure, crime partagé dans l'inconscience avec mille autres, ou au contraire point d'appui, hostilité à l'horrible souricière capitaliste d'aujourd'hui, et pas seulement d'aujourd'hui ?*

À travers les différentes sections du poème, ces gisants *trouvent peut-être dans la section «L'Effacement» leur vrai sens, fût-il changeant du fait de facteurs non négligeables, par cette «Dédicace» : «Je ne peux écrire ton nom. Les lois l'interdisent. Ayant écrit ton nom, je dirais que je ne le dirai jamais et ainsi le célerai-je. Tu es ma chresmologue. Il est écrit que s'accomplisse ton vœu que j'écrive un gisant.» Mieux expliqué dans le* gisant *qui suit, «Front contre front», et encore page 68, une situation psychologico-érotique, ou fortement surréelle page 74. On trouve même, page 83, une scène réaliste de querelle et de rupture en vers : et néanmoins, à travers tout le livre, scintille çà et là la lumière convergente des corps gisant (dans l'amour) avec leur configuration de paysage.*

Ce qui prédomine de toute façon, c'est le récit, qui n'est ni récit ni «poème», ni pure théorèse ni prose ornée, et qui semble fuir les rythmes, même si ce sont précisément les rythmes qui donnent souvent à la prose sa robustesse.

De conclusion, il n'y en a pas. Il ne peut y en avoir. Le congé se défait en congés successifs.

Je reviens un instant aux gisants-statues. *Nous en sommes tous, même si nous croyons ne pas l'être : je me permets de le dire, en tant que compagnon de temps, sinon véritablement de route, de Deguy. Et, comme lui-même possède un cadastre à sa mesure, chacun possède un lieu qui le tient debout pour regarder un moment le monde et, aussitôt après, que nous nous déplacions ou que nous ne déplacions pas, de ce lieu il est à nouveau aspiré vers le bas.*

Oui je le dis, ici, je ne suis pas critique littéraire, je ne suis pas homme de lettres, mais comme quelqu'un qui s'est presque toujours déplacé seul par la pensée, je me retrouve moi aussi dans le gésir *de Deguy. Pire qu'une statue gisante, je me suis senti, et je l'ai écrit, devenir comme «vissé, boulonné, comme changé en cul de plomb*[1]*». Aujourd'hui mon* gésir *me fait mal, très mal, très cher Deguy. J'en étais presqu'au point de dire «diem perdidi»,* contrairement à toi qui, aujourd'hui encore, après l'affreuse césure, trouves la force de te mouvoir pour dire l'indicible, pour témoigner qu'il n'est pas vrai que «ni la mort ni le soleil ne peuvent se regarder en face». Honneur à toi, pour avoir suggéré et osé un regard latéral qui, tout en affirmant l'ineffaçable de tout deuil vrai (et il n'est pas nécessaire que ce deuil naisse de la brisure d'un lien de toute une vie), nous prépare, nous pousse presque à une guerre ou, encore, à une reddition, pour pouvoir dire aussi à la mort qui se tient victorieuse devant nos yeux, lui dire avec saint Paul : «Mort, où est ta victoire?» Au prix d'annuler la distinction même entre mort et vie, temps et non-temps, en quelqu'un ou quelque chose qui «n'en finit pas», hors de toute hallucination, de toute illusion.*

Andrea Zanzotto
Traduit de l'italien par Philippe Di Meo

---

1. Cf. Andrea Zanzotto : *La Veillée*, Comp'Act, 1995.

AVANT-PROPOS

Ce volume, le troisième, dans cette collection, à regrouper sous leurs titres, en entier ou en partie, les livres poétiques publiés depuis 1960, s'intéresse aux années 1980-1995. À l'exception — je commence par elle — du chant de deuil que je publiai en 1995 dans la collection de « La librairie du XXᵉ siècle », au Seuil, sous le titre *À ce qui n'en finit pas*, long thrène en proses discontinu et non paginé, que je ne veux ni ne peux ni dépecer ni apposer aux autres en anthologie.

On trouvera donc ici :

Gisants (Gallimard, 1985) dans son entièreté, qui donne son nom au présent recueil.

De *Brevets*, paru en 1986 chez l'éditeur Champ Vallon, la dizaine de pages qui se laisse détacher, insérées qu'elles étaient entre — ou dans — des séquences narratives ou didactiques, de fiction autobiographique ou de projets de scénarios, ou divers…, etc.

Arrêts fréquents fut publié chez Anne-Marie Métailié en 1990. J'en recueille la quatrième de couverture ; la parodie d'un hymne à Aphrodite, qui s'interroge quelle iconoclastie peut transporter encore jusqu'à nous les débris homériques ; les cartes postales aux amis de voyages dans ce monde, ou tels relevés d'aspirations à gagner l'Orient...

Aux heures d'affluence (Seuil, 1993) prenait le relais du précédent et, comme j'aime à faire, se laissait refiler quelques pages de celui-ci, en « témoin » de la course. Pages que je remets sous les yeux d'un lecteur avec une insistance compréhensible. Voici le souvenir d'enfance d'un léger trauma poétique, source de beaucoup d'affluence ultérieure ; voici la proposition du poème qui prend son tour érotique ; ou la sixième part, la mienne, de *L'Hexaméron* (ce livre à six publié en 1990). Derechef les feuilles de la route à l'Orient extrême. Plus loin, le ton et le temps d'une satire du culturel. Quant au long texte *Au sujet de Shoah* dont je faisais escorte, avec d'autres, au film de Claude Lanzmann, je tiens à en représenter ici quelques mouvements, ceux qui prennent leur élan pour entamer le poème en prose qui devrait, interminablement, dans la musicalité de la langue, accompagner cette grande œuvre, œuvre puissante, tenace, traquant ce qui n'en finit pas, qui dessille les yeux pour un présent, corrige l'imagination, défie le poème. Je veux que ce recueil 1980-1995 témoigne des grandes émotions qui m'encourageaient à écrire (*Dichtermut* !) pendant ces années.

Puis le salut à des peintres.

En 1993, j'ai composé pour Jude Stéfan un « Poème à un poète », qui parut dans un numéro spécial à Jude consacré. Le voici — mis au livre. Puis, pour le numéro spécial où *Le Monde* s'entrebâillait à de la poésie (15 août 1998), je résumai d'un poème (« L'iconoclaste ») l'art poétique du dernier livre paru sous mon nom, qui tombe hors des limites du présent volume, puisque postérieur à 1995, *L'Énergie du désespoir* (PUF). Je vous quitte sur ce programme.

M. D.

GISANTS

1985

Relais

Je te cherche. *Anecdotes*, propose l'étymon pour l'un de tes noms, de nos noms. *Aventurine*, un autre, comme aventure de limaille jetée sur la fièvre tiède à l'aventure. Tu disais qu'attends-tu. J'attends ce qui vient obvie, sibylline effusion, et pourquoi malgré ces croulements d'états, de terre (Il est 6 h 30, 8 h 30, 5 h 30, O heure), cette globale destruction qui sape les colonnes de secours, les ordinateurs, pourquoi un mariage secret dans la chambre du haut qui ferme les volets de la planète, immunise contre la leucémie de l'information et recueille les éclats de la peinture volée, lové dans son erreur se préfère comme un lieu

Mais négligents, énervés légendaires, désintéressés de moi, même, nous nous menaçons de même insécurité, gai quartier du partage où l'on invente l'à-valoir

Je t'écris ne sachant où commence

              Où commences-tu

javelles rousses comme les cheminées tes vaisseaux posés comme vaches et arbrisseaux sur novembre posés sur ton corps aux lisières comme les usines posaient

              Où finissent les tenants

De la torpeur comment sortir sans te faire mal à toi, toi, toi ? Négligents coupables de négligence coupable et désintéressés de soi, même, entravé

envers tout comme un obèse vents debout
capture prise au pochoir des lignes de la rue
tu remontes galérien de dos contre et contre
la défiguration qui brouille l'entrevoir
ou l'insuffisante parabole des mots
qui retombent sans passe entre nous
contre le placet troublé des mendiantes et tout
l'obstacle épais le barrage des directions
La syzygie des livres règle la morte-eau du crâne

Vaquant hésitant où mettre la pause, la marque,
affairés à la tablature comme dans la charcuterie,
ou tassant les verbes en vrac à l'autre bout
pompeux au comité des fêtes de l'ode,
fêtés et fêlés au visage sous les crachats
dans le mascaret de l'origine et de l'apocalypse
cités calomniés faisant faire nos crimes par d'autres
ne sachant plus commettre les vieilles itérations

Ne me prive pas de toi   Je voudrais recopier mes poèmes pour la nouvelle Dédicace comme Hokusai son lion chaque matin baigné d'encre offert au soleil Tu me l'as rapporté

À quelles proportions se vouer   Je tournais anémié descendu comme un sourd dans la langue assourdie, le poème insonore du langage sans musique, mémoreux de l'Orphée contradictoire qui tantôt fige de son retournement et tantôt émeut les stéréotypes, perdant la musique illettrée dans la phrase aphone, entré en agnosie pour la connaître   Je te cherche privé par elle de timbre avec les timbres et sans hauteurs dans la hauteur, sans voix basse dans la voix, démesuré dans la laisse intérieure, atonal avec les tons, carencé d'accents ou de durées pour confier aux accents et les dire, sans bruit dans la percussion sans thèse de la langue, quelle musique convaincue de silence, on dit intérieur, on dit rentré, dans la sourdine de la bouche sans chant jusqu'à la coupe sexuelle du larynx, au spasme de la glotte avalant Mallarmé, et comparant sans aides pour son rythme, sans musique, l'insonore, pour l'entendre, avec tout ce qui s'entend, comme les phonéticiens pour dire le voisement coupent tes cordes sibyllines et disent son neume avec les dents, le palais, le Hertz…

J'offre le braille de mots lisibles à la surdité du poème lecteur qui rentre l'amusicalité de langue et la traduit par la musique, comme je rentre mon amour pour toi, rentre ta peine et le mouvement de garder ces choses dans le cœur depuis la Vierge, ou comme la peinture décolore les chromes, transcrivant le visible analphabète pour rentrer le visible — et à force de ne pas te parler de ne pas savoir te parler, affublé de cette bête sur la lèvre, dans la haine de la ptôse et du mouvement qui déplace les lèvres — c'est pour le voler le rapporter le refaire en ce qui n'est pas lui, son homologue ennemi intime fait de stricte négation de sa matière : comme un bleu d'ici qui soit de n'être pas ce bleu là-bas, combien de temps travaillé pour ce qu'on nomme recréer avec ce qui ne fut pas créé ?

Où commence ton corps sibyllin je n'arriverai pas
Si ton corps avait la perfection de ton corps
Tu ne mourrais pas ou comme Goethe à la fin
Sous les draps d'Eckerman avec plus de lumière

Je t'écris le partage. Il y a bien sûr ce que je fais avec toi, de toi, ce que j'emporte et porte, ces gages que dérobe la rapacité dite poétique, pour moi, par exemples je t'en donnerai (tu étais venu pour être ce cadeau de toi soulevé au sixième ciel où l'on passe au toi, Danaé visitée, demain ton rêve continua sur les échangeurs avec les hommes nus dans le jour comme un film)

et puis ce que je perçois de toi, qui se rapporte à ta finition, personne d'autre, la connaissance singulière attirée qui finit à toi ; qui découvre ta lucidité, ta brusquerie perspicace, ta justesse qui chronomètre nos complies, l'absence d'illusion où tu es sur moi, de toi à moi, de nous (que tu aies mauvaise opinion de moi, dirait un moi, ne m'ennuie pas seulement pour moi mais parce que là-bas en toi, l'altérée qui n'est pas seule un moi, quelque chose ne se réjouirait pas de quelque chose, se rétracte, accuse, se fronce, rétrécirait). Il y a ce partage ; j'appelle *moi* ce dont tu ne peux pas jouir

La machine des départs fait le vide   Nous nous sommes reconduits à Houston, à Belgrade   Et aussi le changement d'absence des enfants incline l'écharpe et les paumes à poser sur l'être par rencontre ; et l'instinct violent, disait Jouve, de rechercher l'intimité avec la venue dernière, celle qui saigne et renseigne

Javelles comme les cheminées roussies tes vaisseaux posaient comme vaches et arbrisseaux sur novembre aux lisières posées sur ton corps où commencent les aboutissants

Danaé soulevée au sixième ciel d'immeuble où l'on passe au toi, ou visitée par le nuage du Corrège, mais

26

c'est elle la dorothée qui culbute Pygmalion en peintre
désirant échanger le nu en poèmes, comme fut délice
sa dure nudification ; et quoi d'autre qu'un nuage si
j'entraîne comme ça les mythes dans le tourment

La Seine était verte à ton bras

COMPLÉMENTS D'OBJETS
(DÉCEMBRE)

Ne me laisse pas ignorer où tu seras
Lis-moi le brouillon planétaire
Est-ce que je te connais connaissant tes objets
Les pétales de flamme de ta flamme et de son
    omphalos

Ton odeur ton nom ton âge tes commissures
Par tes capillaires, je bats, les tiges, faisceau de pouls,
    verge
Ton élégance tes récits tes bas tes couleurs
J'alanguis la rose de quelqu'une le roman
Tes bijoux tes bleus tes cils ta montre
La proximité est notre dimension
Tes lobes ta voix tes lèvres tes lettres

Ne me laisse pas ignorer où tu es
Le rouleau gris ensable notre baie

UTILISER PRÉAU
(MARS)

Sous le préau de mars le prunus ouvre noctambule
À Saint-Germain les bourgeons de Véga
Flattant ta lyre jusqu'à l'épivanouissement
Le vœu du poème est l'architecture

CARDIOGRAMME
(MAI)

La Seine était verte à ton bras
Plus loin que le pont Mirabeau sous
les collines comme une respiration
La banlieue nous prisait
J'aurais voulu j'aurais
tant besoin que tu penses du bien
Mais le courage maintenant d'
un cœur comme un prisonnier furieux comme un cœur
chassera du lyrique le remords de soi !
L'allongement du jour nous a privés de jours
Le jusant de la nuit nous détoure les nuits
Ô mon amour paradoxal ! Nous nous privions de
   poésie
Mais le courage sera de priver le poème
du goût de rien sur le goût de tout

À REMETTRE EN PROSE
(JUILLET)

Grandes feuilles de zinc les jours s'empilent
Je n'aime pas chaque minute du jour
Dans la scierie de l'agendum contre la guise
Je ne passe pas pour raisonnable
Tous les chemins mènent à ta bouche
Les traits creusés de toi cet hiver
J'ai mis un poème en chantier pour notre gemmage

Maintenant tu vas voir tout va aller très lentement. Écartant les châtaignes sur la pente de Marly tu t'age-nouillais sur le ciel, devenais mon prie-dieu. De ta fémorale bleue, femme à veine, je tire cette encre pour tester contre le long décès, la matière grise et la mention passable, et mettre en chantier un poème à refaire un poème à qui l'espoir soit comparable. Tu es comme tu étais quand tu me coiffais dans l'angle avec vue sur la gare, tes ciseaux justes appelaient à renaître.

Comme un fruit compliqué avec du travail, des teintes de confitures, ton profil aimé recouvrait le profil de cette femme au pied de Sardanapale. Tout repassait par ce chas, ce point de virement, rejugé en détail — par tes narines, omphale, lobes, coquillages, l'os de touche, l'œuvre de chair.

Projet de livre des Gisants

INGRÉDIENTS

S'appellera gisants ; *mouvement perpétuel. Comprendra :* dédicace, ingrédients, gisants, les récits, la fabrique, les lettres, citations (…)

MOUVEMENT PERPÉTUEL

« Je vais mourir, adieu », ainsi courait la silhouette de femme jeune de dos dans le film, rattrapée arrêtée une seconde par la main de musique croissante, mais s'arrachant vers la mort qu'elle fuit. Je vous ai précédés, escortez-moi !

— Non ! Ne nous quitte pas ! Ne tombe pas dans l'abîme extérieur…

Plusieurs ensemble à descendre aux enfers s'accrochant aux racines sur la pente de la voix, complorant la disparaissante, la ravie, voici le chant qu'ils entendaient, frein de foudre : le thrène célébrait la dilation du moment de mourir qu'il repassait au ralenti. Quelle horreur ? L'horreur de cet unique laps de n'en pas revenir. Le requiem répétait cet augment de stupeur de l'impartageable, partagé par lui le mourant et nous la *pompe* qui le retenons, l'accompagnons, le refusons à la mort.

LES RÉCITS

Elle serait sans rien et lasse au bord de Seine hélas.
Ce devait être l'occasion de ma descente à mes enfers,
je lui parlais d'Eurydice dans l'escalier et d'Orphée au
bord de la Seine perdant Eurydice en se tournant vers
elle, je me suis retourné vers toi sur cette marche de la
Seine et je t'ai perdue, alors je descendrai plus sauva-
gement, je m'accuserai, ce serait l'Enfer où je descen-
drais, j'y aurais fait l'enfer quoiqu'il n'y eût rien
d'autre que nous à entretenir, même toi tu en serais
sortie, ce ne serait plus un enfer commun mais privé,
isolant, et il n'y aurait eu que mon enfer, je t'aurais en
me retournant perdue pour te perdre, sans y croire ;
qu'est-ce, que fut-ce, que s'est-il passé, je ne com-
prends pas — serait la phrase Orphée, je ne comprends
pas ce qui s'est passé, nous étions bien ensemble, j'étais
sûr de sa présence en arrière, je me suis retourné elle
n'était plus là, je me suis retourné tu passais dans ta
petite cellule de tôle, la « voiture », je crus, j'espérai que
tu regarderais vers moi, parce que j'étais parti seul en
avant, tu ne pouvais pas ne pas me voir, j'attendais
donc qu'au passage tu me jettes un sourire avec tes
doigts, mais rien, pas un regard, tu avais disparu dans
ton apparition, tu ne passais pas pour moi, négligente
tu m'avais négligé, je me tournai vers toi, je te vis te
peigner conduisant attentive à tes seuls cheveux.

GISANTS

Et en même temps une sorte de paix, comme un sermon sur la terre des béatitudes américaines en jazz par une jeune femme qui tourne des yeux, tombait des relais géostationnaires et l'éternité avait pris la voix des complaintes noctambules qui parlent d'amour aux transistors des Afghans, des Uzbeks, des Guinéens, et beaucoup étaient libres, libres, libres…

— Avez-vous quelque chose à déclarer ?

— Non, rien d'autre que cet amour, et même les chansons stridentes et gavées regorgent de ce lait. La nuit est une salle d'attente.

Il s'étendrait sur la banquette vide comme à la veille d'un voyage, ses oreilles emplies comme d'un patineur autistique, pour que pas un pas, de la 41e à la 79e rue, ne fût privé de cette voix, cette voix (…)

GISANTS

Aveugle, disaient-ils autrefois du poète parce qu'il transposait pour trouver ; ainsi de l'extrême péripétie de l'amour aux phases jamais sculptées dont il donnait le devis à deviner. Il décrivait quelque chose comme ton sommeil incliné comme un bateau gisant sur bâbord au jusant, tes narines comme des voiles à la risée du soir, et nos manœuvres de gréement, de balancine, de beaupré, les reflets de tes astres sur ta face, ta gîte, le gisement des quais selon ta hanche.

— Ta hanche dans ma main droite sur le quai... tu vois que j'écris *gisants* pendant que tu ne dors pas.

LE RÉCIT

Brait là-bas peut-être un âne — un bruit. « Impartit », lâche le livre étrangement. Du vent tourne comme une pâtissière. La mort accroche des enfants à son porte-mâchoires. Arrime *il est* entre la vie et la mort. Il est là où l'indifférence a crû, le deuil a rétréci, et l'amour juré se reporte. Le pan de la benne décharge sous la polaire. Le jour ne dicte pas sa loi au sommeil. Partout cependant le voisinage est menacé.

FABRIQUE

À tout prix je veux rentrer en la langue, faire don
aux possibilités de dire de cet égarement vers ce qui
maintenant a reçu nom de toi, ce qui s'appelle énigme
— cette cour, cette lisière, ces étoffes, ces seuils de
Paris où tu es bannie, et je voudrais que le poème se
fasse roman pour y attirer les gestes de la cuisine, les
propos de téléphone, l'emploi du vent, l'insignifiance
de ce qui nous sépare de la mort ; à tout prix redonner
à la langue, qui en serait le tombeau, tout ce qu'elle
nous donne qu'on appelle son dehors, et l'y replier,
cette vie, dans un battement dont elle serait capable,
dans un baroque obscur monument de son défaut, que
d'autres lui reprochent ; fuyant par la pensée* dans sa
forêt de mots arrachés à la nuit *(bistre, carat, poin-
ture)* et relapse avec le lexique, l'amuïssement et les
phrases familières, comme un concours en somme de
vitesse sur les obstacles à travers le taillis, d'adresse
meurtrière et négligente qui halète jusqu'au blanc bas
de page, de verso, au banc de repos, ouf ! Et de même

*   fuyant par exemple fuyant
       le grave au cœur du plus sérieux
       jusque dans ta manière de faire
       un exemple assourdi dans la conversation
       et rapide comme un dieu qui manque un rapt

manière traverser en la lisant une bibliothèque à sauve qui peut ramenant des livres dans mon livre, re-suscitant, et détruisant sans relâche pour les sauver du désastre les pages admirables impossiblement condensées dans le poème

APHRODITE COLLÈGUE

Moderne anadyomène des VC belle
la botticellienne dans un grand bruit de chasse
s'encadre sur la porte verte rajustant blonde
à l'électricité la tresse l'onde
et d'une manche glabre de pull
tire sur la jupe au niveau de l'iliaque

UNE QUESTION AU POÈME

Orgue et naseau, nasaux d'orgues silencieuses
comme il arrive aux dessins de Rubens, de Watteau
que la ligne parfaite se reprenne si bien
que plusieurs dessins d'une même chose
dessinent cette chose en surimpression d'elle-même,
cette nuit pour moi la face d'un cheval plus haut :
ruche du verbe *frémir* à dessiner
— l'ubiquité de bouche et de naseaux strobosco-
    piques —
je cherchais le mot juste pour cette pieuvre de contours
des naseaux, je trouvai celui d'orgue
et ne savais plus dans l'échange lequel était comme

DÉDICACE

Touche-moi de ta salive *Eppheta*
Que je parle que je dise de source sûre
la résille des veinules l'emballage du fémur
« bistre   carat   pointure »
bien assez tôt viendra le contraire de l'insomnie
Mort où est ta défaite

LES LETTRES

(je t'écrirai donc par poèmes plus que par lettres
puisque le poème entretient, comme un destin qui
s'émancipe, entre destinateur et destinataire, et de lui
on accepte qu'une vérité moins sûre qu'il faut inter-
préter ménage l'obscure vérité)

Sans cesse ce qui est là écarte et repousse
et ainsi suscite ce qui n'est pas là
les neiges du Fuji les nus de la forêt
les mineurs moribonds de Sibérie Bolivie
Et ainsi la présence repoussante offre à chaque pré-
    sent
comme à Quincey la nuit le peuple de son contre-
    jour
le déluge, le jugement, la divine
comédie dans sa balance inégale
Tout se rappelle ici métonymie foudroyante
et sertit le présent
en éclipse d'une auréole de foudre comme
tes lèvres sphingeant le gouffre de ta voix
c'est une affaire de paix d'apurement du compte
une équation qui fait de ce moment la fin des temps
chaque sujet nombreux œuvre secrètement
au meilleur du monde et cela fait l'enfer

et le feu paradis absorbe celui d'enfer
Si quelque chose comme *l'homme* existait
alors le christ, la foi et même son église
seraient possibles et fondements

GISANTS

(Faire de *gisants* une résurrection. À quoi ?)
Mieux vaut guérir chaque jour l'inguérissable
(Ce pontife parlait d'un esprit de résurrection)
comme un médecin de Jaffa, forcer la mort
à raffiner son mat, ce jour le même
que nous reconnaissons, comme un enfant qui se
    déguise
passé la surprise du réveil, sous son masque de res-
    suscitant
Je crois que quelque chose comme un air de résurrec-
    tion
est au travail avec la mort et que c'est au poème
dont le dire emporte plus que ce qu'il enrôle
prenant les choses par les hétéronymes
de l'autre chose qu'il désire
à dire de la poésie que ce que vous lierez
en son nom sera lié sur la terre

Relations

UN CONTE DIVERS

On rapportait que la cérémonie était plus vieille que la langue. On disait que le langage était né de la cérémonie, scène de chasse éocène en Dordogne ; puis qu'elle avait consisté en formules, enfin en traductions, quand il n'y eut plus que lui pour faire encore des cérémonies, et qu'à la fin d'après la fin nous étions sans langage et sans cérémonie.

À San Francisco sur la place centrale une secte de la *colonne vertébrale* opérait : vente de posters, harangues, scopie de l'épine... Ils proposaient une échelle (la « colonne ») pour y monter droit vers... le Tout, le salut, la réforme ; comme par le haricot géant du conte qui soudain unit le ciel et la terre. Escaladez les propres degrés de votre dos ! Croyants, et croyant enseigner quelque chose, et une méthode de sagesse, ils n'étaient que leurrés par un morceau de mythe insu et une métaphore erratique de ce mythème, un court-circuit de la symbolisation, isolé, hyperbolisé par simplisme :

Une chose, un fragment de réel, et qu'il n'y avait pas à « chercher bien loin », puisqu'elle est sous la main, à portée de l'expérience la plus simple mâtinée d'un peu de science (anatomie et physiologie) leur fournissait ce qu'ils appelaient du « métaphysic », du *super* : un symbole qui *relie* infailliblement et sans *système*, sans complexité, sans articulation, au Tout, par le Haut, Suprême ; un vestige de mythologie appauvrie faisait secte.

Le poème fait-il de même, superstitieusement ? Non. Il faut redire la différence entre la poésie et l'usage sectaire des débris.

L'astérisque des pins ponctuait le dimanche livresque. Au-delà même de toutes nos craintes, le principe touristique, parasite de l'iris, réduisait Pascin, Apollinaire, à quelques minutes panoramiques. Les dures convictions revendiquaient chacune le droit absolu de leur relativité intraitable, pullulantes, entêtées, infailliblement renforcées d'être partagées par ceux de la secte. La fragmentation du fanatisme en mille thèses opiniâtres requérait que leur coopération sociale non voulue fût confiée à la boîte noire de la machine. L'appareil sur son orbe marchait maintenant entraîné par l'absence de toute volonté actuelle d'y pouvoir changer quoi que ce fût, trajectoire servie par les techniciens. Les mentalités des voyageurs et des pilotes ne pouvaient la modifier.

Il allait même de soi que le détournement de la nef à partir d'une des convictions véhiculées eût été le crime le plus noir aujourd'hui : les crimes du terroriste ne pouvaient même être compris que comme une tentation totalement irréaliste de détournement de la société, car totalement disproportionnée, comme d'un qui menacerait une mouche dans l'avion pour exiger son détournement. L'écart et le renfort mutuel entre l'horrible conviction et l'autocratie efficace de la boîte noire s'accroissait.

La vulgarisation de l'astrophysique devenue fiction par les films avait multiplié les autres mondes à l'intérieur d'un « univers » dont la poche éclatait voici cent milliards de lustres inventant un dehors en même temps que le dedans, et ces éons de néant nénuphars de lumière enjolivaient superbement l'illusion.

Les coups qui chancelaient dans les tables tournantes du bar rapide plus auscultées que la tablature de langue, émanaient-ils, comme on eût dit, d'emmurés appelant d'au-delà au secours, ou de sauveteurs qui communiquaient par la percussion des parois porteuses d'un message intraduisible de rassurance ? Les alexandrins du Lion d'Androclès étaient remplacés par la musique disco de sphères qui s'étaient perdues depuis la création, maintenant infiniment rapprochées par les sondes, et dont il n'était pas impossible, voyez le scénario, de revenir : apparition quasi d'apparitions grâce à la « science » réceptrice de cet Au-delà retors, dont l'ingénieur captait le code électro-acoustique mieux que ne fit la peau de Ion ou de Victor. Tout espoir pensif pour excéder en quelque façon les limites grâce auxquelles ils pensaient et la façon et l'excès, paraissait illusoire. Ils ne comprenaient rien qu'en comprenant une enceinte qui les comprenait, dont ils espéraient qu'elle masquait une porte dont l'ouverture sur son autre côté ne fût pas impossible mais plutôt impliquée même par la conformation portière de ce qui les entourait, mais ils savaient qu'ils ne pouvaient franchir cette enceinte et qu'il n'y avait même quoi que ce fût au monde que dans la mesure où il y avait cette enveloppe infranchissable quand bien même leur pensée serait ainsi faite que pour penser cette limitation elle ne pût pas ne pas penser en même temps par figure son envers, sa traversée ou sa destruction.

PREMIER MAI

Pologne en France au bruit de centaure entrant dans
   l'eau
Tutoyer ton malheur
Dans l'oubli collectif de dates, de Nocturnes
de shakos, de fragments noircis d'icônes et de films
dans la honte d'un amour dissymétrique
ou de mon imagerie privée d'une nuit de Vistule
avec Stachura
« Ô noire ingratitude… » ?

   Comment renier cette *délégation* du poème et faire
page à contre-poème, à front renversé, s'il s'agit moins
d'un texte avec *pologne* que de faire quelque chose
avec un poème qui ne se ferait pas trop entendre, utile
comme Marthe, traductible, réductible, exportable,
qui parte en colonnes avec d'autres secours ?

C'était l'image d'un pays qu'on s'arrache comme un
   enjeu de corde
Entre deux camps qu'un camp déporte à l'Ouest et
   l'autre à l'Est
Pendu maintenant par sa frontière verticale
Interdit de contours d'islandes arrondies de bords
   convexes comme des continents

Quand la nation *collabore* contre elle-même, *occupée* par elle-même en gants de *milice*, un masque de fer vichyssois verrouille les bouches, solide erre la résistance.

Mais sa frontière est de langue au cœur
            sa frontière est de langue naturelle
Avec un bruit scolaire l'essaim des langues se ravitaille dense d'où les migratrices ensemencées de Norwid de Milosz
essaiment à Milwaukee à Melbourne à Paris

CONVOI

C'était du même au même, dans la pure répétition, l'oscillation de la merveille à l'horreur — ça change du tout au tout sans aucune différence.

Ce qui, précisément le même, à savoir comme répétition sans différence autre que numérique, ne se distingue pas de l'autre que je vais dire dans un instant, et qui est son parfait contradictoire, cela le soutenait en être, objet de désir : la dix millième promenade au Bois, ce lac, cette frondaison, ce tournant aimé où disparaît le tournant ; c'est cela, le même, qui abhorré comme encore une fois le même, c'est trop, et vide, indigne de soutenir la répétition, oh lassitude infinie, le chasse d'être. Il se supprime — pour pas d'autre raison que ce qui le rappelait tous les jours quand l'incessante réapparition fait désirer la répétition. Le même ce matin changeait du tout au tout sans rien de changé.

Le 7 juillet profitant du colloque d'Albi pour préférer Albi au colloque, je cherche les bords du Tarn, et je vague. Attiré par l'étonnante hauteur, de très loin pareille à quelque usine « atomique » — mais pourquoi juchée ? — de la tour-donjon de Castelnau-de-Lévis, je passe le pont à quelques kilomètres en aval et rebrousse sur l'autre rive, orienté par cette aiguille où s'équilibre le plateau du ciel bleu ce matin.

Alors à droite, entre la route et le fleuve, une chapelle au bord abrupt du Tarn, entourée de quelques croix tombales me tire, me retourne, m'arrête ; je descends de l'auto.

Il faut encore que la durée d'une vie soit *proportionnée* à son néant — que le durer pour chacun soit *œuvre*.

Petit cimetière au bord de la rivière, country churchyard, aux tombes abandonnées ; qu'ici, j'écris mentalement, repose Jacques D. sous le cèdre à jamais.

Chez lui, alternativement et à haute fréquence, ces opposés en battement : la position d'accueil bruyant et exessif, de l'autre, leurrant l'autre (la voix forte, le sourire tranché, le geste protecteur...), et d'autre part la fuite, le reflux, l'évite, le refus, de l'autre, extrême, injuste, méprisant ou coléreux : du ton, des épaules... Un principe d'irritation à l'œuvre, tantôt hospitalier, tantôt misanthropique, et dans les deux cas surchargé très vite du dégoût de ses propres manifestations.

Comment il est mort, je n'en reviens pas. Murmure *je t'abandonne* dans les blés à coquelicots, entourant la chapelle rustique et parfaite et ruinée.

Il y a quelques semaines, mais sans deuil sinon celui de l'incurable et générale tristesse, c'était au cimetière juif de Prague, grenier dense des pages verticales pétrifiées, pareil à un énorme psautier d'antiquaire, sous les pilotis des corbeaux.

Mais n'est-ce pas toi qui nous as abandonnés, laissant l'héritage amer des *cahiers* ?

C'est la vérité : je ne peux y croire. La vérité est aussi cela même en quoi on peut ne pas croire, et on ne peut croire. Je parle, bien sûr, de la parole d'Évangile, non de l'exactitude factuelle.

C'est dans la gorge, l'émotion ! Et pensant à mon ami le poète qui a pris son nom de la rivière, et à la blessure de sa mort, et à la manière signalée dont les eaux ici se glissent, et aux frère et sœur :

Égorgé, la voix donc cherchant les doigts, j'ai
Sur les rives étranglées du fleuve du pays de ton nom
Notre père porté en terre
Avec soin déposé sa gorge blessée sous une croix
    cathare
       Puis monté à la tour de Lévis
Plus lisse que la pagode des Harmonies
       Ici j'écris mentalement
       Repose J D
       Sous un cèdre à jamais
je-t-abandonne murmure dans les blés à coquelicots
       Gisant

Épitaphe — dans les cœurs. Que son nom ne soit pas seulement devenu « intention » dans la bouche, orante, du nouveau prêtre d'Arzon, avec tous les morts de ce matin-là, quand l'année tourne sur les bornes tombales. Car ici nous vivons dans son intention — réalisée. Il a ouvert des lieux où chaque saison nous a reçus

      Le printemps de l'indicatif
       L'été démographique
        Les vents qui retournent aux pays
       La lune trépanée

Oublions tout grief, même si nous méditons sa contradiction ; n'oublions rien ; et levant les paupières — celle du haut, enciellée, celle du bas, falaise — reconnaissons dans ces lieux son *cimetière marin*.

LISTE CIVILE

Pendant ce voyage, je lisais *Baudrillard*, son livre étrange, séduisant et déconstellé (déconcerté) ; et sans doute étais-je un de ces êtres en *disparition* dont il parle : je suis passé inaperçu à la douane et à Prague.

Avion inoccupé. Aéroport désert. Prague dépeuplée (samedi). À l'hôtel Krivan, une chambre de moine ou de détenu : couchette ; pitchpin, lavabo. La fin du jour en autobus vers un lieu pourtant fameux, une vieille ruelle près de N.-D. de Lorette, la maison de Bianca la peintre, et de son mari cinéaste, et du surréaliste Atemürger : quelques mots en commun dans 3 ou 4 langues ; les serres du potager de la caserne sous les yeux ; des plâtres arcimboldesques dans leur cour, et le $1/8^e$ de lune croissante sur ce versant silencieux de la ville. Très peu de nourriture, aucune question de leur part ; me voici dans la nuit sans escorte, sans conseil.

Listes : du genre : jardin botanique du Cap ; place blanche de Dallenbosch, rue Nankin à Shanghai à 17 heures ; soir nautonier dans le flottage des maisons d'Aberdeen à Hong Kong, barques pareilles aux lotus recouvrant le lac du Palais d'Été.

En Bretagne j'écrivais : *l'été démographique / les vents qui rentrent au pays / la lune trépanée / le printemps de l'indicatif.*

Plus invraisemblable encore : Beyrouth, Dubaï, Bombay, Le Caire ou Tokyo, et Kuala Lumpur ou Melbourne, Tenerife, Karachi, Panama ou Anchorage... Noms d'aéroports entendus dans la nuit !

Arrête-toi, au moins mentalement. *Francfort* : mettre en relation, pour exemplifier la déculturation formidable où nous sommes tous pris, le concept de Francfort — saint Bernard, Charles Quint, Goethe... — et le joug technique qui m'y soustrait entièrement : dix fois j'ai « dû passer à l'aéroport de Francfort » sans jamais « pouvoir » m'arrêter dans son histoire...

ESPACE

Les enfants en redemandent. « Conquête de l'Espace ; guerre de l'Espage ; vaisseau spatial, etc. » Ce qu'ils désirent intitule souvent des films américains. Une faim de spatialité et de spaciosité s'imagine — s'imagine de ne pouvoir être satisfaite que par l'audelà de cette terre étroite et polluée devenue planète, dans le milieu « intersidéral » du « non-identifié » où les *Himmlische* de Hölderlin sont devenus les extraterrestres.

Or n'est-ce pas une faim que la poésie pourrait aussi accueillir et contenter — au prix d'une déception qu'elle seule sait ménager ?

Le désir imagine : d'une comète qui nous fédère par le haut ; alors les Dames des *parties* de la 5e Av., de Foch et de Chelsea, mais de Bel-Air ou de Hong Kong, alors tous les grands banquiers paranoïdes blasonnés de Concorde, de Suite-4-Étoiles et des icônes de la Bande Publicitaire, alors tous les comploteurs rouges (pareils aux grands snobs des cercles « mondains » où se resserre le Tout par exclusion de tous les autres mais tueurs pour de vrai, clandestins du mépris absolu) alors, nous rêvons qu'ils sortent dans la rue, hanche à hanche, une catastrophe les fédère par le haut puisqu'il n'y a pas de place libre ailleurs, la comète de Halley reparaît ou l'incendie des Réservoirs, un signe élevé éduque les mentons, et ils deviennent arches innombrables du pont de l'aube ; ils « fraternisent », abattant ou édifiant des tours de libération — mais c'est plus prompt *d'abattre*, le symbole est plus violent —, ivres ensemble d'être ensemble plus forts que tout ce qui est plus fort que nous, dans le *sentiment* dont parlait Rousseau, en sa Lettre, du peuple en foule sur la place s'entr'aimant par regard, tout est possible en cette place et ce tout n'exige rien… Et chacun des termes de la trinité n'est pas ce qu'il est sans la relation actuelle aux autres, la chose dont il s'agit, l'égalifraterniliberté, tourne en rond, circule de l'une à l'autre en soi-même, féminine, vortex du principe, s'engendrant, se confirmant, ça ronfle et la machine ne devait pas du tout se changer en guillotine.

J'étais parti pour dire : c'est la poésie qui voudrait être la comète fédérale, la fraterneuse où les privilèges s'abolissent, la non-snob. Et Breton tentait l'appel à son « insurrection générale » ? Rêve d'adulte ?

Mais je reviens à l'adolescence ; et à la déception. Quel dommage, se dit parfois l'adolescent, que la poésie réside en poèmes et en langage de langue(s) ; n'était cette consistance verbale, et verbeuse, souvent si difficile, nous irions nombreux à la poésie ! C'est la rupture de Rimbaud qui a fait la légende rimbaldienne — et par retour la lecture de Rimbaud ; ne faudrait-il quitter l'écriture du poème pour le désert !

La seconde déception tient à ce que la traversée des apparences — traversée de l'affirmation simplement positive et traversée de l'affirmation simplement négative — débouche sur l'équilibre paradoxal, la négation « mallarméenne » et donc que la déception est la demeure, le « regret » et que le « seuil est un leurre » ? — ce qui ne paraît pas le rendre solidement habitable.

La fiction de l'extraterritorialité cosmonautique est leur « bateau ivre » : navigation cherchant l'ailleurs. Loin d'être jalousés, méprisés, les princes de l'apesanteur sont aimés, mimés, comme de plus subtils acrobates. Ils obéissent comme personne, et ils ouvrent comme personne. « Ils ont vu quelquefois ce que l'homme a cru voir. » Êtres de pointe, comme disait Char, mais non pour déchaîner l'envie. Songeons aux *épopées* que le XVIIIᵉ et le XIXᵉ siècle, encore, eussent écrites avec les « pionniers de l'espace » ! Maintenant romans de science-fiction, bandes dessinées de guerre, films et jeux vidéos…

Pourtant ne s'agit-il pas toujours de *retour*; de faire profiter la convivialité ici *(à Landauer!)* ? Donc : transformer, reconvertir, la légende de fin de siècle en poèmes en prose, l'opéra de l'espace en proverbes et almanach. Car à la pointe de l'orbite aventureuse où les héros d'amiante dilatent le rotor, la grande centrifugeuse, c'est une histoire d'amour encore qui les relie à cette terre où nous les attendons.

Il s'agit de ramener le sens de l'espace sur cette terre « habitable poétiquement », c'est-à-dire figuralement. L'imagination poétique, metteuse en scène de ce monde, y pourvoirait avec les Autres Mondes ? Accès à notre espace par ses seuils ? Rapatriement agrandi par ce voyage Extra, atterrissage sublimement regagné d'être passé par la comparaison, sol absolutisé à nouveau…

Et comme le spectacle de la mer procurait à Baudelaire ce *diminutif de l'infini* qui lui permettait d'habiter symboliquement, le nouvel Espace que la *fiction dite science* ouvre — à condition que la crédulité n'y

entende pas le programme d'un tourisme dont la
« non-réalisation » (je n'ai pas de fusée personnelle)
conduirait à la première déception — pourrait être un
nouveau diminutif de l'infini qui augmente notre spa-
ciosité.

L'effacement

DÉDICACE

Je ne peux écrire ton nom. Les lois l'interdisent. Ayant écrit ton nom, je dirai que je ne le dirai jamais et ainsi le cèlerai-je. Tu es ma chresmologue. Il est écrit que s'accomplisse ton vœu que j'écrive un *gisant*.

GISANTS

Affrontés. Palingenèse qui relie les os d'en bas et ceux d'en haut. Le haut s'alite, devient l'avant. La liaison reforme ce faisceau ; ce mobile arc-boutant. Comment franchir la deuxième enceinte, passée l'ivresse du premier ciel et de la description du réel où les seins glabres se mirent ? Tu sais que j'ai de plus en plus de mal à parler… Comment parler autrement, si l'unité innommable est ce qui tient, en s'en retirant, la demeure où nous met la répulsion universelle, l'hendiadyn divin du pluriel ?

CONTENANCE

Le projet disposerait côte à côte aux quinconces des pages ces figures enlacées qui chiffrent les lettres restantes, et l'art de la poésie qui décontenance les poèmes.

CONTE

Un soir où nous avions mis une seule ceinture
Tu me chuchotais un conte à l'oreille   de neige
   Et me disais je suis émue
Et nous avions enjambé déjà plusieurs grands inter-
   valles
Fait des arches d'absence plus grandes que celles
   d'Avignon
Et sommes revenus à nous par des gués en crue

BORD

Pourquoi revient cette formule aimée
« Au bord du monde encore une fois »
Qu'est ce bord, qu'est-ce « bord », être-au-bord
La bordure chez Baudelaire et
La terrasse des princes de Rimbaud
Avec vue sur le monde et le tout comme
Ayant passé par ici qui repassera par là

GISANTS

Treuil de la paume qui te lève
Pelvienne ce trente mai
Ton visage passe tout près
Méat de syllabes votives
Tu sèmes trois cierges avant
Que nous passions en revue la Seine
Les recrues nous prennent Nous partons
En photos au Japon Je te déhanche
Tu me dis que tu lis ton passé à *L'hôtel blanc*

Bottes collants dépecés bain
Le jusant te découvre
Tes bas pèlent ton bas fait l'équilibre
Une autre fois j'ai bu à ton nadir
T'amenant à plus être peut-être

On nous compare à deux barges de Loire
Nos vies changent doucement à notre quart d'insu
Comme deux barges de Loire imagine abordées
Démarrées dissociées contrecarrées par
Des souches invisibles se côtoient qu'un
Courant sous la face des contre-courants soude
Il faut redire en l'altérant le même
Qui se méconnaît d'être·trop reconnu
Ce même c'est ta mort et le poème

DIDACTIQUES

Arrache à la médisance qui gagnait nos propos et nos
  œuvres
Le poème des choses non mauvaises
N'omets pas ce qui veille en formes irremarquables
Ce qui ne dégoûte pas l'alentour de ton existence
Compte et conte par exemple la libre indifférence
Respectueuse d'autrui
L'adieu des hôtes qui s'oublieront
Tout ce qui fait d'ici un ailleurs pour l'asile
La distraction qui n'envie pas   l'amnistie
La douce brièveté la négligence

BORDS

Mais quel effort, quel secret, quels tournemains dans l'ombre et la proche obscurité des jambes, quelles trahisons, quelle confiance dans la bonté de l'interdit, quelle vannerie de doigts, quelle témérité, quelle indiscrétion acrobate, quel désespoir de connaître, quel goût de ce goût, pour parvenir à prendre joie au plaisir et que nous la persuadions de blandices, de félicité, qu'elle entre dans la comparaison.

Tout est sombre, et pourtant danse, dense, danse et cadence; ils ne peuvent dissimuler la joie. De sorte que la part de douleur, incompréhensible aux vivants, vient de ce rebord aux bords du dehors, ce verso du versant où versent les aveugles de Breughel, à la fois ici et hors d'ici, dans le temps même de la gaieté, de la beuverie, de l'aube australe qui éclate entre deux immeubles

« Dehors tout est vent
Mouvement qui rend heureux »…

FORME

« Oh que ma quille éclate Oh que j'aille à la mer
[...] »

C'est un poème qui nous le dit, poème qui reprend
le topo de la navigation poétique, de l'éloge du nau-
tonier, de la fragilité de l'esquif poème. Or le bateau,
pour être ivre, doit ne pas faire eau de toute part ; doit
demeurer distinct de l'élément qu'il affronte, parcourt,
invente : demeurer bien assemblé, pour affronter selon
sa loi le parcours dans l'étrange. Et en l'occurrence
rimbaldienne dont le vœu d'éclatement ne détruit pas
la membrure du poème, celui-ci demeurait ajointé en
lames bien parallèles, en lisses de quatrains dodéca-
syllabiques...

E DANS L'O

Ces deux vies en l'effet par leurs os leurs parfums
se sont cherchées. Il y avait de l'oiseau en elles, d'es-
pèces si proches, nuptiales par saccades, quelque chose
d'animal comme dans la brusquerie des branches,
tombant, s'attrapant, ou sur le récent mirage de la
pluie les envolées. Voltes, empennages, digressions
par les combes du ciel, les déliés du branchage. Ces
désirs, satellites, d'entrer dans la gravité de l'autre, de
se parasiter comme l'e dans l'o, ces deux vies se cher-
chaient secrètement, rapidement. Un rapport de clé à
serrure pour jouer librement, à s'ouvrir, à faire du
secret heureux. Pêne qui crochète doucement ta ser-
rure huilée.

OÙ LE TEMPS SE PERD

La minuscule et quasi subliminale perte du temps, qui est perte du temps comme où la perte de la rivière est source, là où le temps se perd est un délice — quand je me lève de chaise, appelé par la sonnerie, et pendant ce laps — vingt, quarante secondes ? — en commande, délivré de la tâche de décrire, de la contrainte d'inventer un gué laborieux, mais voué à rien pendant, je ne pense qu'à ouvrir...

GISANTS

Je m'accroche à ton double par les phalanges pendant que ton double se désamarre raisonnablement. Nous nous séparons comme dans un drame au ralenti de réunion repassée à l'envers. Tu n'es pas là disais-tu simplement à un toi. Je vois trouble, dépliant tes muqueuses sur des fils entoptiques, tout le corps peu à peu induit de cette humeur qu'il va composer et chercher en toi avec la sienne et la tienne.

VÉRITÉS

Le temps est presque tout mort comme un orme qui meurt en Europe ; je voudrais substituer à cette calvitie de l'arbre des vérités en rythme d'une conversation heureuse.

La délinquance n'a plus que cette aptitude : à reconnaître du vrai dans la vive pensée des autres.

Mes « ennemis » ne sont pas ennemis. Dispersion des « vérités », à « l'infini », comme des espèces, moins dénombrables que les taxinomies. Elles se tolèrent soudain, d'où je suis ! Ne se battent, ni ne se méprisent ; il y eut saison pour cela et le spectacle de la foison.

DIALOGUES

La jouissance est une des figures de l'acclamation à l'arrivée de quelqu'un. Viens ! Au poème érotique, j'enlacerai les lignes de la pensée. Les coudes encore brûlés au gisement des draps, je commencerais le recueil par « les coudes encore brûlés par les draps ». Que vais-je faire avec cette iconostase, ce monceau de toi sur le torse, sur l'aine, sur le dos.

— D'où venons-nous où allons-nous que faisons-nous ?

— Mais il n'y a pas de *nous* !

— D'où venons-nous. Où allons-nous ?

Tu tapais de tes poings cette dose, cette consécution d'irréel du passé (j'aurais aimé) et de futur antérieur (être celui qui aura été) qui fait un irréel du présent (celui qui t'aimerait).

CATACHRÈSES

Cette pièce ressemble à un départ de 100 mètres avant le starter ; tout l'air est tendu ; les tendons des chaises, les avant-bras des fauteuils, les talons de table, les rideaux d'air, tout est tendu, dans l'attente que la sonnerie se fasse entendre, ta vibration, je bondirais si je t'entends ; je t'attends.

Retournant l'endroit et l'envers, tournant à l'endroit l'envers : ce qu'il attend n'est pas là — visiblement : ce qui n'est pas, ni l'endroit ni l'envers.

TRADUCTION

Tu habites le Wisconsin.

Je ne parlerai jamais ta langue. Cette étrange expérience de ne pas savoir une autre langue, comment la rapporter au monde ?

Qu'est-ce qu'une autre langue ? Ta langue s'est emparée du monde. La femme du Bengale était sage : une langue pour des millions, la question n'est pas de la traduire, mais que les millions en parlent le poème. Je ne parle pas ta langue.

Est-ce l'Amérique qui entraînera la terre dans son rêve, dans sa Protection Funérale, dans sa survie ; ou la terre, tribale, misérable, inépuisable, qui la retiendra et l'entraînera, accrochée par des milliards de mains à sa combinaison de géonaute amiante, vers une « décision » au sujet du chaos de famine et de sang, ou un sauvetage terrestre dont il n'y a pas « idée »...

Au lever je me suis levé
Au bruit que font les animaux machines
en passant dans les rues sur les têtes
Était-ce brièvement interminable ou
interminablement bref ou les deux
C'était la face toujours perdue par la bouche
qui me condamne au clignotement
de l'apparition qui s'éclipse en elle-même,
à l'effacement, au bord du monde
Il était cinq heures il est six heures à mon amour
Une heure a passé de plus une heure est passée
Où l'*e* n'est pas la voix l'insère
et où qu'il soit l'amuïssement bâillonne
Mon erreur est ancienne mon amour
S'est ajouté aux stalactites des ères
un micron de plus entre ta et ma rive
L'erreur de qui se cache dans un mort
prenant le masque mortuaire mais
Souvent je comprends ce qu'on me dit

DU SECRET

Mais en même temps il me parut qu'il ne tenait pas qu'à moi que l'amour fût sans issue ; un secret de la vie dans la vie comme dans les meubles ou les demeures d'autrefois, un secret aussitôt perdu que changé en union comme un meuble à secret éventré requiert qu'on refasse un secret ; et que le nôtre avait suivi cette voie de sa fatalité clandestine « aveugle » sous son bandeau et donc malheureux dans son bonheur, heureusement malheureux en un certain sens ; rapporté à l'imminence toujours différée et rapprochée de la séparation et suivant en cela le destin annoncé, narré, dans les œuvres petites et grandes… Et que l'œuvre avait à voir avec cette logique, l'œuvre nouée, serrée d'arcane, tissant les liens avec les œuvres anciennes, bourrant de secrets ce secret, coffrets ouvragés cénotaphes adornés d'amour recelé, franc-maçonne, passeuse du latent couloir — comme les *roses* de Fortini étouffant de fines relations complexes l'histoire et la parole d'amour.

Et c'est tout cela qui fait la souffrance ; et entre la souffrance — dont à l'instant où j'écris je sens la montée antipéristaltique — et cette phrase de sonate ou cette peinture, il n'y a aucun rapport direct (comment l'un « traduirait »-il l'autre ?), mais l'abîme de la métaphore, et le mot d'*expression* dit en vain le rapport le plus vague qui soit, dit désespérément, aveuglément, la croyance en ce transport massif et irretraçable entre la souffrance et l'art.

VÉRITÉS

Un rêve assez abstrait de Hesse
de passage à niveaux de sagesse
Le scandaleux pour un, le réellement infranchissable
— pareil en l'occurrence de l'imagerie
aux miroirs de la foire où le souci
de son image se love et se repousse —
n'existe pas pour l'autre qui traverse en douceur les
    verres

Dire que peut-être dire est voué
aux paradoxes surnommés triviaux
d'un logos plafonné que la science aphone crèverait !
Mais la pensée est espérance
que ne défaille le savoir
que c'est au dire que se réserve en vérité le dire

GISANTS

Je ne cesse de te perdre depuis cette chambre d'hôtel
Où nue et détournée tu m'as crié va-t'en
Je ne me rappelle plus notre querelle, ma faute
Mais le papier, ton dos courbe,
La nature morte du jour et de l'armoire,
Et ma croyance indolore debout que j'allais te revoir

DÉVOTION

« Il faut que tu sois double pour être toi-même »
                   a frappé juste
l'ab-homination femme
l'accrue, et l'embellie
qui m'affame et diffame

Rapport inverse parfois je me dis
entre elle et moi où je nous vois
elle en jeune homme ardent déclaratif
et lui en femme moins disert attendant

Je suis un prostitué de la lecture
Il n'y a pas d'Ithaque
ni là ni au-delà de là
Le trait décidé ment
mais la relâche aussi qu'ils nous vantèrent

Tu aimes la phrase de René Char
car il s'agit de phrase qui tire
des bords à coups d'oxymores pour
remonter au plus près sous amures strictes

Vœux changés en testaments à l'étoile
à tes yeux filants à la lune

qu'au moins s'accomplisse posthume
l'être en souffrance le pauvre dieu

Je te supplie par les lisières par
la langue de l'amour heureux faussant
par l'origine des conjurations
par tout ce qu'attend le défilé de la dévotion
Je te supplie Je n'inscris pas les compléments
Le qui sera toujours le visage du quoi

L'EFFACEMENT

Celle pour qui j'aurais pu croire que j'étais visible, au moins à elle, m'efface en ma présence, me porte le même coup, le même tort que je subis partout quand les autres ne me laissent pas venir à visibilité, elle me gomme lentement devant elle avec elle, elle me distrait de ma présence, me refuse le contrat d'attention, de remarque. Tu m'as chassé de tes rayons, privé de la possibilité de t'écrire, privé d'adresse où te joindre, de la possibilité de te donner, recluse, par un étrange mouvement de défection et de jeûne, de retrait en plein jour, et maintenant quand nous étions ensemble tu m'effaces.

Qu'est une apparition manquée, vouée de toute temporalité à rater son apparition, une inaptitude fatale, d'entrée de je, il fallut y entrer, à paraître, c'est encore autre chose que la laideur, que la difformité dissimulable ou éclatante ?

Il faut qu'il y ait des acteurs pour manquer ce pour quoi ils sont faits ; fuyant les reflets, les échos, mais la battue les cerne, bientôt leurs contours sont fichés ; mauvais acteurs dont on ne perçoit pas qu'ils ont à être ce qu'ils sont en étant mauvais.

Le retrait. Fut d'abord attiré. Se retire ; et re-tire. A été fasciné, collé au monde, et s'en retire. Mode second de la relation, de la (ré)férence. « Paradoxal. » Différent du renoncement ascétique ; mais relié par la négation de négation.

LE RETRAIT

J'ai une boule qui monte
Comme un sujet d'eau dans le médiastin
La parole se tarit
Je ne délire pas
Comme si malgré l'occasion
Je n'étais pas ma vérité
Comment peut-on dire « mien » telle partie du corps
Le doigt le sperme c'est ridicule
Ce qui est mien ne serait pas cela

DIDACTIQUES

Toujours un contraire peut faire la leçon à l'autre
— « nul ne se trompe dans le côté qu'il envisage »
et toujours a raison par où l'autre a son tort —
un contraire sans fin peut faire la leçon à l'autre

Les généralités sont devenues mortelles
et quand je forme la dernière, disant « pas de généra-
    lités ! »,
de manière irrécusable et contradictoire
s'installe un paradoxe pragmatique

Le centre n'est rien s'il n'est tendu contre
la bêtise où s'emporte et se fixe un extrême
qui chacun ne consiste qu'en son aberration   Mais
le centre est trop dialectique pour faire position

ALARME

Nous inventons la maîtrise
De l'échelle où nous disparaissons
L'essentiellement rompue la poésie
Sa fusée aux yeux pers dans la nuit
Inquiète cette échelle encore
— observateur observant un centre
en train de se prendre pour un centre

Glossaire joué à l'écarté
Les fines approximations rapprochent
Fente rupture feinte il s'escrime
Pour s'offrir aux coups   il dé
Nomme   il dé
Çoit   dé
Vie le présentable
s'exhortant :
                 dis
                    con
                       viens :

Mesures pour mesure

NOTRE DEMEURE

Dame de près l'ombre chat sous ta main de peintre
    joue
Tandis que l'âge crible la mienne drainant le derme
        (et mince taie sur la pupille)
La paume de la nuit en sueur scintille sur la nuit

Une meule d'étoiles se rentre à l'horizon urbain
La lune fardée comme une Japonaise
Approvisionne là l'immeuble de la nuit
Les feux du stade bordent notre alcôve

Une demande précautionneuse
        Cherche ta voix
Que ta diction lente et courtoise exauce

MESURES POUR MESURE
OU
LE CLOWN DU SPECTACLE

La table l'heure la prudence le mois la ruse
D'une mesure qui n'est pas le mètre je mesure
La partie donne sur le Tout qui donne la partie
Qu'est-ce qui s'applique à toi   À quoi t'appliques-tu ?

Je te nomme rencontre d'une fleur et d'un pleur
Sur la table des os je te mesure
Mais qui est l'arrogant qui te mesure à toute chose
Qui t'appelle diminutif où l'infini se chiffre

Le balancier oscille légèrement la vie tient à un fil
Au fléau qui partage l'avancée sur le fil
Le petit fouet de rythme rend justice en pesant
Rien dans chaque plateau de ses extrémités

(Irait-il lui-même au-devant du jour si le soleil ne
s'avançait bouclé en arrière au zodiaque et ployant le
balancier d'un horizon outre horizons pour ici où le
corps fraye, les pieds posant le bas, et sens dessus la
tête à vol d'oiseau d'Hélios, et le corps des deltoïdes
ailés à balance de cèdres frayant un trièdre pathétique
où la pitié avance et la terreur recule ? Par ce bras la
pensée contrepèse un éclat, contrepèse un levier de
rayons et de vide. Et je — différence infiniment ser-

rée entre cet équilibre et moi — perte d'incarnation où l'infini s'écarte — pour *en* répondre ! ? répondre de ce neutre, de cet *en*, tous les jours qui s'appellent jour !)

Ajoutant rien à droite et à gauche il s'effile
Perd une dimension pas à pas inventant le compte
Le risque proportionne l'avancée rigoureuse
Anadyomène de l'air il s'efface en prouesse en Victoire

Ton comparant te célèbre, te démultiplie
Tu es parée, avec — comparée. Contre quoi
T'échangeais-tu, est-ce à moi de fixer ton troc
Et la métamorphose   je cherche à mesurer
                    toute chose avec toi

L'amour et la rivalité s'élancent   Epithalame
Et ode   Le combat amoureux est la disposition
Homme provient de Tout cherchant une mesure
Et Polémos de Tout qui cherche un père

NU

Ma chair, je voudrais vous écrire de la nudité. Il faut repartir à nu pour entrer dans la question — qu'est-ce que l'imaginaire. Qu'est *un nu* en peinture en sculpture ? Cette hanche Vélasquez, mais Dim à la t.v. ou vous en chère et os, et comment le désir fomente-t-il la représentation...

Ce à quoi revient comme au même la femme de chair ou de papier, ce même que *ce*, qu'est-ce, qui fait que le passant jette un regard furtif dans la gorge du mannequin de plastique à la devanture des *Galeries* ou même de la photo de film affichée ?

Il n'y a rien à voir, et pourtant le désirable a paru, cela même, image qui attire et fait paraître belle. Le désir et l'image s'inventent. Vous êtes, ou fûtes, l'image, et lui le désir ; ainsi durent distribués les rôles dans l'amour. Puis réversibles. Le désir cherchait l'image pour désirer ; l'image cherchait le désir pour paraître. J'appelle image ce qui fait paraître femme une femme nue, la nudité rassemble le beau et le désir ; ce qui ressemble est désirable. (On dit que les interdits au désir qui le privent des symboles où il s'apprit d'abord, forcent le désir aux métamorphoses...)

Corps à corps esquissé dans *la rose des langues*
La stalactite de ta langue fond comme un goût
Cherchant l'antonyme à *macabre* pour danse
Nous préparons la rigueur de la sodomie

Au pire moment du monde
Notre regard tombe en même temps
Sur nous de l'infini
Pour qui le sens est en train
De n'avoir jamais eu lieu

Odeur de tilleul aux mastoïdes
Paumes roulant la pâtisserie des fesses
Ou main gauche étayant le sein droit
Et le pouce doucement t'excisant

Comme la danse des danseurs dure
En transitions définitives
Vers d'excellentes figures
(Le portement du grand écart)
Éros est celui qui ne néglige rien

L'horizon des cuisses déplie les nymphes mauves
Sans image apparaît le sexe
Et puis comme un visage il est

L'index en toi s'engage vers le col
Je te rapproche de toi
L'anus et la joue se relient par ce bras
Mensuration et poème s'éprennent

Omphales coïncident
Iris et pubis s'arriment
Le compas d'apophyses rend
Je te décris en quelque temps

De beauté à laideur oscillent laideur et beauté
Comme instable gestalt   à la vue réversible
Pour ressembler à un repas
Le désir se nourrit de ce qu'il ne mange pas
Ut musica   ut pictura   ut poiesis

[…]
Comme qui a soif au milieu torrentiel du fleuve où il
    boit
Eux ne peuvent se rassasier de regarder leurs corps à
    satiété
Hors d'état de rien arracher des mains aux tendres
    portions
De corps errant corps à corps tout entiers sans savoir
    où
À la fin se mesurant de toutes parts en fleur ils vont
    fuir
De leur âge et déjà le corps présage de jouir
Et Vénus en est à parsemer les sillons de femme ;
Se fichent avidement les corps, se joignent les salives
Des bouches et se respirent s'entrepressant des dents
    les bouches
Pour rien puisqu'ils ne peuvent rien arracher ici
Ni pénétrer et passer dans le corps avec tout le corps.
Entre-temps on dirait que c'est ce qu'ils veulent
    faire et combattre
Jusque-là : cupides aux jointures de Vénus ils adhèrent
Et les membres tremblant de volupté se liquéfient
[…]

                                            (à Lucrèce)

                        tout emporte
le présent   l'emporte
À telle force d'heure en heure
Que d'heure en heure il n'y a plus
Que la déferlante de l'immense Léthé

LA CELLA ÉTAIT VIDE

Le vide comme on l'appelle
Mais enchâssé
Mis au secret dans l'arche évidée
serait l'absence de partie pour un tout
Et soustraite au regard
Le renoncement mais paisiblement tu
À la possible symbolisation

Le journal du poème

LES PLAISIRS DU SEUIL

La poésie limitrophe exige un saut
Qui projette en un bord ou ressaut
Dans le plaisir dont nous parlait Lucrèce
Surplomb et seuil qui fait le don du commé
Comme il est doux de regarder naufrages
Il est plus doux le point d'esprit d'où l'errance se voit
Et les choses se partager en un comparatif de monde
(tels qu'un dieu aux énormes yeux bleus et aux
formes de neige, la mer et le ciel attirent aux ter-
rasses de marbre la foule des jeunes et fortes roses)
Où sommes-nous donc nous étonnant d'y être
et que l'étonnement étonne

CE QUI ASSEMBLE
PRÉPARE LA RESSEMBLANCE

J'ai pensé à ces pierres, à ce mur, avec affection, avec reconnaissance, comme à un arbre, comme à un chien, comme à un nuage, et à un veilleur — à un génie familial : *le tutélaire*, qu'il faudrait la catégorie grammaticale du « neutre » comme en allemand pour articuler. Le tutélaire apparente, apparie, tient ensemble — dans une expérience qui précède les hétérogénéités et les indifférences, les spécifications et les dénombrements — assemble, donc, un caractère de *chose*, une qualification qui d'avance transcourt un certain nombre de « choses », les apparentant (un arbre, un chien, un nuage…), ou : le monde naissant sous un aspect de sens commun (comme-un) pour nous. Caractère qui serait ontique et transcendantal. Et cette « grande chose », ici « le tutélaire », tenant en réserve une multiplicité d'apparitions, de rapprochements déployables, rend possibles — significatifs — les transactions métaphoriques entre telle et telle chose que l'on trouvera, lisant, « naturellement rapprochées », semblables.

L'EMBOÎTEMENT

(Ce qu'il y a c'est comme — comme ce que je vais dire. Figure-toi. Pour se figurer ce qu'il y a, ainsi que fait le peintre qui transforme ceci (la montagne et le nu, l'héliotrope et le nuage), en l'emblème de ce qu'il y a, je dois articuler deux (ou plusieurs) en un rapport, en un *comparatif* (dispositif de la comparaison) — qui est alors comme ce qu'il y a. C'est comme ça :)

Une première atmosphère de démons sur l'épaule, d'insectes, de délations, de servants à chasse-mouches — eux-mêmes pareils aux serviteurs du Malgache ou de l'Éthiopien, l'auréolant de baldaquin, d'éventails, et qui l'obombrent, le dépoussièrent, lui fraient la minute — d'assourdissement, d'apartés, toute une cour d'infirmiers, de parasites, Ariels de la bouche qui favorisent la rumeur ou piratent l'émission : nuée pareille au joug des mouches sur le zébu. Et puis la deuxième, là-devant, là tout autour, *juste*, comme on dit, en arrière, derrière les barreaux des fenêtres, des roseaux, des sureaux, les cils des arbustes, l'auvent de la lisière, alors, un monde brillant et dur de son côté, en face, où tu t'effaces, pareil au groupe des vieillards troyens du haut du mur, ou à cette assemblée des hommes du Maghreb qui s'arrêtent de parler à ton approche mais ne t'excluent pas. Tu passes…

101

COMPAS-RAISON

Comparaison de la comparaison et du levier. *Dos poû stô*. Sur quel point du monde hors du monde s'appuie le levier ? Le point d'appui, ou « comme », ne peut avoir lieu d'être ailleurs que dans l'entente pensive du langage poétique. Le levier ne transporte pas le monde ailleurs, en utopie réalisable, mais transporte le sujet dans sa liberté possible — de tenir à distance respectueuse (on dit : préférer, déférer, référer, différer, proférer…), se tenant à égale distance des choses qu'elle compare, les choses qui se comparent.

(Que faire du fait que de toute chose — de tout ce qui est en étant une pensée — il fut dit, et par les meilleurs, le pire et le meilleur, et le oui et le non ? Ainsi de la *comparaison*, bénie par Gomez de la Serna, médite par Serres ou
choisir : je dis du bien de la comparaison qui permet de bien dire et de dire du bien)

CARACTÈRE COMME-UN,
OU DE L'HENDIADYN

Pour qu'il y ait deux — l'un et l'autre, de part et d'autre, d'un côté comme de l'autre — il doit y avoir un ni-l'un-ni-l'autre, pas pour autant l'Un, ni l'Autre, mais comme-un, grâce au jeu duquel, feuillure, se figure le partage des côtés, qui peuvent s'échanger.

Apparent est dit le *neutre* sujet à être — comme ça : les figurants, on dit « réels », de l'autre côté du *comme* lui donnent lieu d'être.

LE PRINCIPE DE LA MARELLE

Bay James : le mille-mâts de la toundra aux vergues d'acier dans la tempête avec les gabiers de pylônes qui déferlent par moins 30° les drisses de 700 000 volts — attend son Melville, encore et toujours, son roman ?

Fontanillas : je me rappelle les antennes de Radio-Free-Europe au crépuscule sur la plage catalane, cirque plus beau qu'un cirque clignant de cent feux rouges, cirque de câbles, de balises, d'échelles et de fils pour ondes funambules, que le soir dressait à la mesure des collines, des îles et de l'au-delà d'ici.

Quelle transformation à l'œuvre ? Appelons ça *le principe de la marelle* : sur le pavement où nous marchons, le regardant sans le considérer, où nous faisons excréter notre chien, voici qu'arrive une fillette, qui tout en respectant le dessin dallé le transforme par son jeu en « marelle » — comme l'Hidalgo faisait le *plat* à barbe en *armet*...

Tâche *culturelle* ? Reprendre tels artefacts dans une vue poétique, les dévoyant de leur être technique, s'il ne s'agit ni de les monter ni de les expliquer, mais de les amener à être visibles dans notre monde autrement que selon la fiche technologique de leur production et de leur fonction, mais à côté des autres, avec les

104

autres, en comparaison avec les autres, et ainsi les reconnaissant dans une neuve et antique configuration, cela ne se pourrait que par le langage et en l'occurrence par le poème qui *file la métaphore* de leur réseau de circonstance.

Ré-inter-esser par le jeu ; à symbolisation locale, commune (communale), active. Que les cartes *distribuées* qui sont des artefacts quelconques (motifs picturaux dans une série ; descriptions ; poèmes brefs ; éléments de scénario, de dialogues, etc.), c'est-à-dire élaborés par des artistes du lieu, aient un rapport avec le lieu commun, et un rapport énigmatique (« à clés »).

Que les cartes distribuées (le *comparant* de tout cela est bien une « partie ») permettent aux joueurs circonstants de reconnaître la chose configurée, inchoative, à l'état naissant : *symbole* en formation commune (« poésie faite par tous »), d'ici : « figurescence » grâce à (et *malgré*, car la chose, cryptée, résiste) la lecture qui est proposée par l'un — « comme » dans une partie de tarot où un joueur serait prié de gloser la carte qu'il vient de tirer ; mais le « tarot » serait un premier artefact ouvragé dans un rapport figuratif (de figuration au sens le plus général bien sûr, qui n'implique pas la « ressemblance de copie fidèle ») à ce lieu, toujours lieu connu et lieu inconnu (ethos) où chacun de nous séjourne en commun. (Il s'agit de rendre non impossible — et non anxiogène — l'*improvisation*.)

Deux exemples : *a)* projet d'Atlas : album de rêveries et de dessins de la terre, « portraits » (aussi librement figurés que possible) de la planisphère et de la mappemonde qui habitent nos chambres à tous ; de telle partie (« les oignons pendent comme des continents ») — donnés à « reconnaître » au lecteur consort (Une espèce de Tour-du-monde ; un parcours véloce d'une partie-totale, une synecdoque, un « diminutif », de la totalité, par une nomination simulant un « zodiaque »).

b) fomenter un scénario local, ici au *village*, avec les *voisins*, qui diraient, film-*vidéo* faisant, leurs regards sur ici, et leur y-être-vus. Au prix, léger, d'un mince décalage, d'une légère *transformation* (comme celle qui fait des lignes du pavement un jeu de marelle) ; par exemple : déguisez-vous, ici.

Être libre est possible sur le mode de l'être-comme-libre ; être libre s'avère dans une expérience pareille à celle de qui s'est trouvé dans le cas spécial de cette métamorphose qu'est une sortie de prison, pour entrer dans une nouvelle vie (même très fugitive) qui se détermine essentiellement grâce à ce comparant : la libération. Celle-ci consiste à se savoir *comme* en prison, c'est-à-dire en quête d'une libération comparable rigoureusement à la liberté.

« Promesse de bonheur ? » Chercher l'issue en montant, par le « sommet », qui est sans issue. *Faire comme si* la direction du sommet montrait une issue. Le point élevé est celui d'où j'aperçois la *terre (comme terre) promise* en connaissance de *comme*. Il aperçoit la terre promise comme celle où l'on n'entre pas : révélation, « en mourant », d'une liberté qui n'aura pas lieu *comme* possession, mais qui consiste en la « libération » de se rapporter à ce qu'il y a comme à la terre-promise. À leur tour ils ne comprendront qu'en mourant, et léguant à leur tour cette musique. La musique donne en mouvement le schème d'un mouvement de révélation, « sublime ». La révélation est celle du *comme* ; de se rapporter à ce qui est par le moyen du *comme*. Ce qui est, est le comparant de ce qui est.

Avec l'art il s'agit toujours d'un principe de transformation; et il s'agit de transformer pour que dans l'opération de transformation la liberté se saisisse dans un mouvement où le monde apparaît dans l'*image* de soi qu'il recèle, et où le possible n'est pas tant projet de réalisation que l'apparition d'une figure à ne pas confondre avec le « rêve à réaliser ». La différence entre une peinture et une maison rend habitable la maison; et il s'agit de ne pas supprimer l'une ou l'autre dans l'oubli de leur *rapport* de *similitude*, mais de creuser leur différence, un *rapport* en tant que tel, qui ajointe les deux par l'articulation du *comme* remarquée, qui rende le monde vivable. La croyance requise par l'œuvre est croyance en la *promesse* d'un rapport du monde à sa figure, non pas en la *réalisation* d'un paradis sur le modèle de la fiction.

Reprenons *utopie* dans l'acception de ce lieu dans le lieu hors lieu qui distend et creuse notre espace-temps selon le *comme*, selon la relation « poétique » à lui qui permet d'y être, de nous *rapporter* à notre condition par où elle est *comme* une prison et une libération. Repartir de la différence entre la représentation (théâtre dans le théâtre : réitération du *comme*, non pas indéfinie, mais une fois) et une politique de prise à la lettre d'une métaphore dans l'ignorance de la valeur de métaphore. Il faut représenter la comédie pour éviter la dictature. Le contresens meurtrier, c'est quand le pouvoir fait sortir Wagner du théâtre pour une mise en scène « wagnérienne » de la ville, de la vie; la réalité devient un cauchemar quand le « rêve » envahit le réel. C'est dans l'autre sens qu'il faut aller.

Paradoxe de Münchhausen... Est-ce qu'un poème peut à lui seul : *a)* figurer la prison, la condition « aliénée », en la révélant au lecteur comme figuration de ce monde; *b)* cependant s'y figurer lui-même comme une prison « de mots », par quelle mise en abyme ? *c)* être en même temps un levier pour en sortir, et le mouvement de libération vers un « dehors » salutaire… Cela fait beaucoup.

Est-ce la question du sublime, ou recherche d'un point par où se soulever ? Un point dans le discours qui ne soit pas seulement de discours ? Y aurait-il une possibilité pour relier la *sublimation* avec ce point de détachement qui voit la figure comme telle : le « comme *comme* comme » ? Gagner ce point par la rhétorique, cette hauteur de dire qui est un point de transformation du *sujet*, donc, en *pensée* : certes en langage, mais pour autant que c'est *mon* langage, *ma parole*. À la fois donc « langagier » et autre que « verbal » ; point de différence entre pensée et langage, sans doute, sauf ce que suggère le terme « mon » et tous les mots qui réfèrent au sujet de l'énonciation.

AN DIE MUSIK

Et avec la musique où serions-nous ? Serions-nous
ailleurs ? Il *semblerait...* Entrés dans un espace *inouï*,
je veux dire non allégorique, non réfléchissant,
non reconnaissable ; en d'autres termes : pas même
énigmatique, plutôt : sans solution, si l'énigme et la
solution sont ensemble, et que l'énigme murmure
« tâche à résoudre l'énigme que je te propose »
(Proust) ; si le principe de la solution de l'énigme
(grec, grecque, grecque) consiste à se reconnaître ; si
l'énigme sphingée vient sur toi en répétant « c'est toi,
tu ne te reconnais pas mais c'est toi, toi Œdipe,
Socrate, connais-toi... ».

Là, où nous sommes entrés, musique, ce serait autre
que toi ; il *semblerait* qu'il y ait de la non-semblance,
de l'épaisseur et pas seulement de la surface pour
réfléchir ton image et te la renvoyer pour te donner la
chance de te reconnaître. Il y aurait de l'inconnu et du
nouveau au fond ; du non traductible, non interpré-
table, non réductible — sans reconduction à l'ego, à
l'ego retiré au centre de tout, foyer « derrière » ses pro-
jections où se (re)constituer. Échapper à son image
serait possible ? Au dieu passé et à celle qui est « l'ave-
nir de l'homme »... Pas moi, pas ça, même pas « mon
autre » ! La galerie des glaces est cassée, la musique a

commencé toute seule. Pourtant il n'y a même plus l'illusion de feindre qu'on puisse sortir de l'illusion en passant « derrière les miroirs ».

Reprenons. Il y a cercle de trois :

1. la chose, l'événement ; dans les termes de l'Anonyme : *pragma, péristasis*. Ce qu'il y eut : la situation dite réelle de l'équilibriste transformant son fil en chemin pour lui, comme Don Quichotte le plat à barbe en armet pour sa quête ;

2. le *pathos*. Ce qui est senti, éprouvé par beaucoup, voire par tous (*pasin*, dans le « Sublime » du Pseudo-Longin). Ce « tous » que nous retrouvons dans les *Poésies* de Lautréamont (la poésie faite *par tous*). Et dans l'occurrence du *Funambule* : tous les yeux levés, « simplifiés » (dit Monsieur Teste des spectateurs) par le sublime de l'acmé sur l'abîme ; craintifs parce que le plus haut et aigu est le plus labile ; ce haut d'une hauteur mesurée dans sa pointe par le précipice qu'elle ouvre dangereusement, d'autant plus altière que plus mortelle, et réciproquement. Tous regardent *et ont peur*.

3. le poème ; *lexis, phrasis*. Les pages de Genet, ici, qui portent la peur commune, ou non, « à la hauteur » du funambule.

Comment ? Par la beauté de son dire, c'est à savoir : par ses artifices *(technê)*.

La prouesse est confiée au dire (la prouesse olym-

113

pique à Pindare, par exemple), qui est un dire artificieux, au sens de la rhétorique. Il n'est pas indifférent que le fameux Traité soit à jamais porté en compte d'un Pseudo.

Tout dépend de la *technê* — de l'artefact et de ses artifices. Ainsi, Genet, parlant d'un forgeron qui flattait son enclume : « L'enclume n'y était pas insensible, dont le forgeron connaissait l'émoi. » Hypotypose, hyperbate… Rien n'y manque. Et « c'est faux », jaugé au dire commun du sens commun qui fait aussi le fond commun du credo du réalisme.

Il y a le c'est-faux du point de vue du bon sens (« une enclume n'a pas d'émoi »). Il y a le c'est-joli de la critériologie esthétique qui loue la décoration esthétique en en mesurant « l'écart » : on peut repasser de l'énoncé B (rhétorique) à l'énoncé A (normal) par la conscience de l'opération : c'est un « groupe de transformation », hypotypose et hyperbate, qui a produit l'énoncé B ; on le « réduit » en revenant en arrière, en coupant les fleurs de l'énoncé « fleuri ».

Or le vraisemblable de la vérité de la fiction est précisément ce qui est en cause, à préciser et à comprendre : ni faux (ne ressortissant pas à la logique 0,1) ; ni ornemental (rectifiable mentalement).

(Sans doute la vérification artificieuse du mentir-vrai de l'écrivain n'est-elle pas dans tous les cas « bonne » ! Il y a parfois la faute du jouer faux, qui peut tenir et à la fausse note de l'exécutant et à la fausseté de la partition ; etc.)

Les trois font cercle. L'acrobate et le poète effilent la prouesse réciproque, pour la galerie. Le cercle est aussi cercle du « en retour » : la prouesse elle-même de l'acrobate reçoit ses règles, rassemble sa possibilité et parfois son scénario dramatique, du poème, des lois de figuration poétiques. Il y a conformation « diallélique » dans l'arène de la « représentation » pour la « gloire », non pour un leurre.

L'artificier est tantôt un artisan du feu lui-même, tantôt le rhéteur-poète. Chacun fait comme l'autre, par une homothétie constitutive de leur travail homonymique. Il y en a un qui le sait, plus que l'autre : C'est le Pseudo-Longin qui dit l'affaire *du feu*, de l'hyperbole extatique, de la configuration ou constellation en mimésis de la Nuit. Ainsi s'atteste l'expérience du haut, que le sociologue observe en retrait, depuis son coin (il ne regarde pas vers la chose haute, mais vers la fascination du public ; vers le doigt qui montre la lune, et conclut que l'artiste exploite et abuse son public).

LE COMBAT

Émission, captation; hérisson de combat. Tel le
siège du château fort, en même temps reçoit, des
coups, terribles, et projette, lance, vomit, ses invec-
tives; lieu excessif, et donc symbolique, d'échanges
suractivés, il prête sa fable à une allégorie du poème,
et qu'un poème puisse s'appeler *combat*, bardé et
lardé, artificier et bouclier : concret : c'est le statut de
l'oxymore, le *simul* de l'échange des « contraires ».

RHÉTORIQUE ENCORE ;
LA PÉRIPHRASE

Soit une « périphrase » : *ce balcon chantourné sur le sel* ; c'est mon expression anapestique pour la poupe. Un *onoma* pour un autre *onoma* : « métonymie » ; parmi une infinité d'autres *onomata* aussi propres à… *figurer*. Cependant, métaphore : de *ce* qui cherche à se dire ici, et qui ne consiste pas en la « devinette » de la périphrase (pour résoudre laquelle il est utile de se rappeler que le *sel* est, chez les Grecs et les Latins, une synecdoque — par exemple — de la *mer*). Car cela *dit* aussi la poésie : ce point de vue depuis un *bord*, et qui *tourne en chant*… ; et dit aussi le sujet : le sujet du poème, le *je* pareil à la poupe, de dos, entraîné, prisonnier *sur parole*, scrutant le sillage, c'est-à-dire, remettons-en, pareil aussi au Don Juan de Baudelaire qui « ne daignait rien voir »…

L'ESPRIT DE POÉSIE

Toute figure est figure de pensée...
    Une figure est celle du dieu de poésie
    Qui se glisse dans la forme de cette figure
    En ressemblant à s'y méprendre à cet hôte qui l'ac-
        cueille
    Pour y féconder Alcmène la poésie

L'esprit de poésie : un défieur de dieux qui invoque :
« qu'est-ce que vous attendez ? ! » Cette durée ne peut
pas durer ! Il faut que l'interminable soit ponctué ;
qu'il y ait de l'interruption, du contour, de l'appari-
tion, de la finition ! Venez. J'expose la peau ocellée
d'Argus, une cotte de synonymes ; Protée, montre-toi
que je te reconnaisse multiple, que je t'épèle à grande
vitesse !

L'esprit de poésie compare l'ogre égarant ses enfants
à la « forêt obscure » où Dante commençait par se
perdre ; il perd les « significations admises », tout ce
qui s'énonçait vite, ne demandait qu'à être identifié
(et sans doute vaudrait-il mieux être égaré par une
puissance que prendre les devants par jeu, mais enfin
il faut bien que quelqu'un commence) ; l'affaire ordi-
naire, le patent, l'envoyé loyal, le message escompté, il
s'en impatiente ! Le trompeur authentique, le déguisé,

118

le fourbe de comédie, celui que le public a démasqué d'entrée de jeu ne lui suffit pas. Mais où est le dieu ? Dans les tragédies, le dieu ? Celui qui est autre qu'on croit, non par férocité mais parce qu'on ne pourrait l'accueillir, l'excessif, qui éclipserait. Ou alors il y aurait deux dissimulations, et la première, sympathique et remédiable, pour nous préparer à l'autre, « tragique » ? Celui qui est et n'est pas — ce qu'il est.

Et les dieux ont appris aux hommes par les arts à recevoir, à *pouvoir* recevoir, *toute chose comme un dieu*, pour ce qu'elle est en étant autre (en excès, en à-côté), autre que ce que c'est qui la comporte, dans quoi elle vient ; en étant comme cela qui s'annonce, c'est-à-dire irréductible à cela qu'elle paraît : masqué par son apparaître, par son être-vrai même. L'artiste apprend à ménager, d'un rapport indirect, le « dieu inconnu » en tout. Le dieu est ce qui remplit la forme humaine, parfois trop humble comme Déméter, en retrait dans le visible, pour suggérer l'inégalité de la visibilité à l'être, la « différence de l'être et de l'étant » ?

Ainsi est-ce l'épreuve par tout : reconnaître le dieu. Il s'agit de ce qui excéderait la vie dans la vie, le dieu amour, « promis à tous », en tout cas à toi, à toi, à toi… C'est ton tour. Et si tu ne l'accueilles pas en quelque mode, tant pis pour toi, « tu auras vécu en vain ».

Même la comédie murmure « c'est votre affaire », de le reconnaître dans ce valet, ce double, cette erreur, cette coquette. Il n'est pas réservé aux Princes de la tragédie ; il ne s'agit pas que de mourir.

RAPPROCHEMENTS

...
Lucrèce
          « Suave [...]
sed nil dulcius [...] »

Plotin

« Le magicien ne fait qu'unir par des contacts les
êtres déjà naturellement liés l'un à l'autre et qui ont
un amour inné l'un pour l'autre ; il joint une âme à
une autre âme, comme on attache deux plantes éloi-
gnées l'une à l'autre ; les figures dont il se sert et les
attitudes qu'il prend lui-même ont des vertus propres
[...] mais c'est parce qu'il est lui-même dans l'unité
universelle et pour elle [...] »

Paracelse

« Les enfants ne cessent de hanter la *prima materia*
des alchimistes ; elle est visible et invisible et les
enfants jouent avec elle dans la rue. »

Montaigne

« Si je ne comme bien, qu'un autre comme pour
moi » (verbe *commer*, vieux et inusité — Littré ; signi-

fie faire des comparaisons ; fut supprimé en 1878 par l'Académie française. — Darmesteter)

Goethe

« Les poètes ont devant eux tous les objets en même temps et ils rapprochent facilement les unes des autres les choses les plus éloignées. C'est ainsi qu'ils avoisinent ce que nous appelons esprit-de-mot (Witz), mais l'esprit de mot n'est pas de caractère aussi élevé [...] »

Mallarmé

Avec comme pour langage
Rien qu'un battement aux cieux
Le futur vers se dégage
Du logis très précieux

Max Ernst

« Le rapprochement de 2 (ou plusieurs) éléments de nature apparemment opposée sur un plan de nature opposée à la leur [...] »

Ramón Gomez de la Serna

La palabra más exaltadora de que disponemos es la palabra *como*, se pronuncie o se calle

Lévi-Strauss

« Soit un double jeu d'opposition et de corrélation, d'une part entre une figure complexe et le fond sur lequel elle se profile, d'autre part entre les éléments constitutifs de la figure elle-même. »

AIDE
MÉMOIRE

Ce qui a lieu d'être
Ne va pas sans dire

Ce qu'on ne peut pas dire…
Il faut l'écrire

La partie donne sur le tout
Qui donne la partie

Savoir à quoi ça ressemble
C'est notre savoir — non absolu

Il faut de la semblance
Pour faire de la contiguïté

Le poème est des choses prochaines
Qu'il faut aller chercher

*

La comparaison entretient l'incomparable
La distinction des choses entre elles
Poésie interdit l'identification
Pour la douceur du *comme* rigoureuse

Commun ? Comme-un
C'est tout comme
Faire comme si
C'était comme-un

Poésie se prive pour être-comme
Comme un amant dévore sans dévorer
Pour signifier la lettre de l'amour
Ut musica ut pictura ut poiesis

Contraint par corps grâce à la perte
A vicarier les sens en sens
Se privant de ce qui lui manque
Le poème en confie le défaut à sa langue
Pour que l'aveugle soit nommé le voyant

*

Nous ne nous en sortirons jamais
C'est ce que je nous souhaite mais
Pratiquer une issue de secours
Pour s'en tirer sans s'en sortir
       Si tout a toujours échoué

« Ne pas croire à la prison comme destin scellé
Croire à une possibilité de libération
Qui n'aurait pas de sens
Si nous n'étions pas (comme) des prisonniers »

*

Chemin qui ne mène nulle part
Sans issue est le sommet
Nous montrant que l'issue est

Qu'il n'y a pas d'issue
— pas d'issue donc hors paradoxe
De l'issue sans issue

Une libération conduit
De l'opinion patibulaire
(Un crétin dit que tous les autres sont des crétins)
Au paradoxe paradoxal
Nous sommes tous (comme) ceux que nous ne
    sommes pas

             *

« Changer le monde » ? Non !
Oui : en lui-même disait Baudelaire
C'est dire en sa figure par le *comme*

La fiction léthargise un lecteur
Vraisemblance l'attirant « au-dedans » du livre…
C'est pour qu'il puisse s'éveiller par
Homéopathie du Lêthé
Repassant au-dehors en connaissance de comme

La sortie du livre dans le livre
Conduit un lecteur au seuil
Où l'hidalgo « abjure sa folie »
Et le lecteur s'éveille
Sortant du livre par le livre
Abjurant tout beau rôle et
Se rappelant quel artiste périt en Quichotte

             *

Quand sommes-nous nés ?
Altamira, Athènes, Rome, Bethléem… ?

L'artiste en décide pour une re
      Naissance

Où sommes-nous ?
La circonstance fait la relation
Le poème est citable
Déférence préférence différence
      Afférence

Les alchimistes ont hanté
La *prima materia* des enfants
Qui se rendent visibles
Les jointures des pavés

Enlevant au trafic le monde d'un jeu
      Rien n'a changé
      Tout localement
      Est transformé
La poésie est alchimie de verbe si la croyance
Retournée comme de Paracelse aux enfants de marelle
      Joue le poème figuratif
      Pour un testament renouvelé

BREVETS

1986

LE DÎNER DE VÉNUS
À PORT-LA-GALÈRE

à Vénus Khoury-Ghata

Vénus, aux tard venus
Ton bijou pendait sous les palmes d'août
La systole rouge de Régulus entre les pieds du Lion
Donnait le pouls de l'horizon

Véga cloutait le zénith bleu
Tu cherchais la polaire en vain
La chaise cassée de Cassiopée tu
La rangeas en paix où je te dis sur les terrasses

Et je sortis de ton coffret
Comme l'assistant du prestidigitateur
La Couronne et Déneb la triangulaire

Ton cœur de salade fila dans ma bouche
J'ai lu pour toi encore Arcturus et les Ourses
Avec des rimes et cette ligne mieux venue
J'aurais pu faire ton sonnet, Vénus

Tout *Polyphonix* échoua down town
aux portes de la veuve de Max Ernst
« The party is over » Il fallait remonter
Mais à New York Gherassim Luca perdait l'orientation
Nous prîmes un express tardif et ressortîmes
où il ne fallait pas, 125ᵉ et Fifth, à peu près
« On the dark side you are » dit le taxi portoricain
A deux heures un dernier bar open on Amsterdam
mais rien que du bourbon et des nuts
Et à trois heures Gherassim ne savait toujours pas
de quel collège de Columbia il était l'hôte
J'ai un portrait de lui polaroïd contre la grille du
    Réservoir
un large chapeau noir éclaire son sourire souriant

J'écris avec un crayon rouge de la *Bodleian Library*
Acheté en même temps que la carte postale
Aussitôt envoyée à Jacques Derrida

Avec Jacques Roubaud nos voyages ne sont pas finis
De Nashville à La Nouvelle-Orléans
il a le détail dans son carnet
T.W. Bundy nous montra
des factures de Baudelaire

La barge à touristes fit
circuler le Mississippi
A Cambridge nous avons lu
John Montague posait sa fiole sur la table
A Barcelone le sereno d'hôtel
intervertit nos passeports
et nous avons quitté l'Espagne *léthargiquement*
chacun sous l'identité de l'autre
C'est Jacques qui s'en est aperçu
Repartant pour Oslo
il me téléphone
Il en rit volontiers et me dit
L'an prochain
Il faudrait que tu viennes à Oslo

Hélicoptère dans le cirque de Mafate ; un des lieux les plus reculés du monde. Il faut imaginer le vieux volcan, fleur éteinte, oscillant sur sa tige de neuf mille mètres depuis le fond des eaux, entouré d'Océan Indien. Nous atterrissons pour livrer des livres à un garde forestier dépositaire pour une petite population d'enfants à peine alphabétisés. Et quel livre paraît le premier sur la pile ? *1984*. Orwell atteint Mafate en 1985.

Je ne l'ignore pas, je ne l'ai jamais oublié : chaque fois que je me suis retrouvé, croyant m'y assoupir, parmi les miens et les proches dans un séjour arcadien (et plus ou moins démiurge d'une telle situation), une vallée de Tempé ouverte et limitée, à rebords de champs et de terrasses, assez retirée du monde où nous agissons, nous blessons, nous lassons, pour qu'un certain ennui, blond comme la crue du soleil au soir repoussant à l'Orient la foule des ombres, baigne d'entières journées qui perdent leur rang et leur appellation dans la semaine et bientôt dans le millésime, journées aux apartés de famille prorogés, aux pardons écartés, inquiétant les acteurs à rendez-vous que nous sommes comme une retraite anticipée, j'ai cru qu'il ne saurait y avoir d'autres bonheurs, citations d'*Héloïse* dans nos vies, de Virgile dans nos lieux.

Est-ce que ce lieu « grec », coupe d'hamadryades — la fontaine qui sort du roc sous les deux mémorables platanes qu'elle, la source, a d'abord éduqués — et par cette bouche théâtrale de la colline « rassemble » autour d'elle un hémicycle de pins, de chênes et de rochers... —, ce lieu « grec » ne *re*fait-il pas de toute visiteuse, même vacancière en short ou slip, une « Femme à la Fontaine » ? Pourrait-on l'arracher à sa

destination de requalifier des modèles de magazine
« à l'ancienne » ? Indiquer la lutte du site avec son
destin de décor à pique-nique...

À défaut de *peinture*, puisque les grands tableaux
composés (Poussin) sont finis, peut-on faire des *com-
positions* photographiques complexes où soient
visibles et re-lisibles des préoccupations comme celles
des premières lignes ici ?

Le délice du jardin des délices (terrasse sur la val-
lée varoise, à dix heures d'août, le soleil impatient,
tassé, filtré, dans la salle d'attente des saules) motive
l'homonymie française du *beau temps*. Il faut y être,
à ce moment : « kaïros » est celui du beau temps.

Le diamètre du monde est calculable, celui de la
sphère dont le gonflement est mesuré par la vue aussi
loin qu'elle s'étend. Baudelaire : « 12 ou 14 lieues... »
Portée qui subsiste avec la géopolitique et l'astrophy-
sique.

Il y a compétition — celle de « survivant » — entre
les humains, les acteurs, par exemple qui furent amou-
reux l'un de l'autre, en tout et spécialement pour la
place du narrateur, du conteur diseur de vérité, de ce
qui fut. Les deux en même temps, donc : elle — regar-
dez ce fantôme, cette ruine, c'est lui que j'ai aimé, qui
fut grand... ; et lui — Voyez cette femme, ce vestige,
qui fut belle, aimée.

Et cependant l'indifférence des survivants, peu à
peu amnésiques, nonchalants à l'égard de ce qui eut
lieu et dit.

« LE VENT SE LÈVE »

Ce qu'on appelle « l'amour », et lui seul, est le vent, le vent arrière, qui « emporte » ; qu'est-ce à dire ? Il *ne fait pas* surmonter les obstacles, il ne nous change pas en oiseaux, mais il nous donne de continuer à endurer l'aporie, à équilibrer l'insoluble. Il ressemble à l'espoir, ce vent d'« on ne sait jamais ! » qui, passant, nous fait passer d'un jour à l'autre, « remettre ça »... (Le vent amour ne soufflait-il même pour le paysan de Kafka en vaine attente aux pieds du gardien ?) Si ce vent impalpable décroissait, il n'y aurait plus que la netteté des obstacles, la perception de leur insurmontabilité bien découpée. Mais lui, dans et malgré le désordre de l'infranchissable, l'agencement de toutes *les raisons*, il nous revoue au « peut être... »

Il y a en lui — dans sa *figure*, car son être n'est pas celui d'un étant positif ni d'un être de raison, mais un être poétique que seul un art peut imaginer — quelque puissance supérieure, *juste un peu* supérieure, à toute déterminité. Son indétermination, qui n'est pas celle du simplement indéfini quelconque, surpasse, à peine, le connu (dirait, presque, Paul), le fini qui nous finit ; *Assez* pour que tout ne s'arrête pas. « Vent de Dieu », vent paraclet, c'est sur un ton théologique que je le dramatise : non pas tel que *quo majus nihil concipi possit*, mais plutôt : incomparable à toute détermination finie qui vient en finir avec nous.

Et, comme en mer sous les voiles, cet étrange rapport a lieu : un mouvement rapide, attesté par les eaux fendues de proue, nous exalte, nous emploie à la manœuvre, et *nous avançons…* pourtant sans déplacement absolu : la même stable immensité nous environne, l'horizon n'a pas changé, l'Ixion marin y est roué, heureux, Achille immobile, à grands souffles, est la mesure d'un sans mesure. Immergés d'air nous sommes un danseur délesté de lourdeur pour un principe d'ascension. Or quand l'amour retombe, il n'y a plus que les raisons, c'est-à-dire l'impossible. Et ce vent était donc désir, et le désir est du corps, en sa différence sexuelle.

Il *faudra* qu'il ne retombe pas avec le désir — mais que, sublime, délivré de sa matrice, il erre, éduqué dans son signe et son sens : adulte et vierge. Des allégories multiples de l'amour, petit Éros joufflu, Aphrodite kourotrophe, Adonis épicé, c'est Aphrodite, née de la mer comme le vent, que je regarde : souffle botticellien, « au-delà » est son nom, qui balaye. Son envol, sa naissance persiste pour autant que les œuvres comme les voiles alizéennes maintiennent le témoignage de son neume circumterrestre, et comme l'enfance elle s'éploie, *latente*, libre et suffisante entre la génitalité des désirs d'où elle naquit et de ceux de sa puberté ; c'est ainsi qu'elle est vierge phase.

[Ainsi une lecture pensive et naïve de ce vers que son incessante citation assourdit *(Le vent se lève. Il faut tenter de vivre)* se remémore-t-elle en quoi le *vent* est une grande *figure*. Et sans doute y a-t-il, quand le libre commentaire s'encourage à s'en inspirer, plusieurs manières de refaire le poème, reprise chacune par son souffle spirituel, à condition qu'elle soit cohérente. L'esprit *est* souffle et non pas par facultative « métaphore », mais par être-comme et ce qu'est le souffle, que cette *phénoménologie* nous induit à décrire, nous aide à saisir et à dire ce qu'est l'esprit. Les *choses* — ici *le vent* — ont, donc, donné un schème ; ou : de *quoi* comprendre (entendons : vivre avec) ce qui se passe, la « vie » qu'il faut tenter…

Nous savons que cette compréhension existentiale-poétique n'est pas « scientifique ». Autre, chacune est autre, libre.

La *puissance* de la rationalité technique en vient-elle à pouvoir réduire au bavardage la météorologie poétique, alors c'est, non l'apocalypse, mais le contraire. Il serait bon que la vulgarisation scientifique se taise, et laisse parler l'inspiration poétique, *ainsi* (mais il n'y aura pas même de conflit, la puissance ne peut se limiter) ; ainsi, dis-je :]

L'ANNEAU DE

ce fut le vent d'Ouest qui la saisit quand
elle se leva
de la vague
génitale, et l'accoucha de l'écume
gracile à son île
chez elle

et ces amoureuses
du difficile, les heures
du jour doré la saluèrent, la vêtirent, furent
comme si elles l'avaient faite, furent folles
de porter cette nouvelle chose née

de l'anneau de mer, rose
et nue, cette fille, la portaient
à la face des dieux, violettes
dans sa chevelure

Beauté, et elle
dit non à Zeus, à eux tous, ils n'étaient pas, ou
était-ce elle qui choisit le plus laid
pour coucher avec, ou était-ce comme ça
et pour expier l'essence de la beauté, était-ce ?

Sachant les heures, bien sûr,
elle n'est pas restée longtemps, ou le boiteux
n'était qu'un côté des choses, et le superbe
Mars l'a eue. Et l'enfant
eut ce nom, la flèche de
comme le vol de, le mouvement de
sa mère qui adorne

de myrthes le dauphin et en mots
ils se lèvent, oui, eux qui
sont nés de pareils
éléments

(poème traduit de Charles Olson)

ARRÊTS FRÉQUENTS

1990

Comprends-tu que c'est une déclaration d'amour ?
De même que certaine lumière, la housse de l'aube
entre autres, apparie tout en faisant rentrer en elle, les
soulevant dans *sa* lueur, toutes les choses qu'on peut
énumérer, ainsi le poème à la lueur spéciale de
l'éclipse : *l'éclipse de l'être* rend visible et le tout
(choses nommées en partie donnant sur le tout) et la
lumière : le langage.

Je parle de ce matin bleu léger frais d'automne, en
bleu adorable, et de chasse et d'échassier, cette saveur
pour soi, hors tout mais faisant un tout, disjoint et
diminutif. Comment le perdrons-nous ? Il faut nous
en priver.

APHRODIQU'ICONOCLASTIE

Le vallon fragile croule à la mer pesante, à la mer concentrique ; l'apic et la *chienne splendide* lappant le roc refont la plus ancienne lisière. Pesanteur à dos d'hommes quand ils remontent lourdement la falaise, dans l'interprétation d'un rivage érodé ; craignant le ciel aux terrasses croulantes, ils hissent le pan jusqu'au vertige du surplomb sapphique, du haut alors de la mer égéenne voyant :

« Ce fut le vent d'Ouest qui la saisit quand / elle se leva / de la vague / génitale, et l'accoucha de l'écume / gracile à son île / chez elle/ ».

… Chant à l'Euphorbe, à la Chtonienne qui porte tout ce qui est, tout ce qui marche, tout ce qui nage, tout ce qui vole, tout ce qui mange…

Fut divinité cela qui fait que le nombre se rassemble et qu'un Même les implifie tous ; ce par quoi des multitudes s'apparentent — et ils allaient s'accouplant par les ombreux vallons — et au principe celle-là, divinité des divinités, qui soumet à une même chose la pluralité des dieux même, la Chypriote, la polythéiste, mère des ressemblances par qui les êtres s'accostent, s'accolent, et s'apparient unanimes et à son tour elle se soumet à la loi qu'elle inspire, et se courbe et se répand sur Mars renversé.

Élancés ils s'enlacent, l'amour et la comparaison !
Comme l'amour qui compare la comparaison qui aime, et loue l'incomparable avec des anaphores, la lyre aphrodisiaque tisse la beauté de tes bords à contre-jour d'une éclipse de l'Être :
Ses hanches étroites accostent son large bassin son buste sanglé contre ses seins profonds la verge fine juche l'étui recélé

Je voudrais prendre un autre mot que celui qui couïne, « coït », pour dire ce qui est à dire, et ce sera : la cérémonie.
L'amour est la cérémonie.
Et ils montèrent sur le lit bien construit et il délie sa ceinture et la dévêt de ses robes polychromes et bijoutées, la callipyge, la leucolène, la bathycolpe, disant : aucun dieu aucun homme mortel ne m'empêchera d'être mêlé à ton amour tout de suite, maintenant !

L'amour est rapt. T'introduire dans mon histoire, tel est le vœu raptif de l'amour, la jalousie de son désir : emmener l'autre en captivité.
La première histoire d'amour repasse entre les deux époux. Son premier amour à lui ne se l'était pas soumise, et l'insoumise le rappelle : reviens à mon récit, qui fut le nôtre, pour l'achever. Et sur sa rive Ariane, la délaissée, se meurt, voyant Thésée bondir dans l'autre histoire.
Le désir est en proie aux essences grâce à ceux qu'on appelle les êtres. Sans lui pas de levain, pas d'élan, nulle histoire, pas de change donné au cours des

causes. Il crée ! Comme un verrier libre, il souffle l'être, un sublime gonflement.

Il y a dans le fameux optatif « faire l'amour » l'injonction à deux d'inventer, en se conformant, quelque chose qui ne serait pas sans nous mais qui ne s'y réduit pas : l'amour qui se détache comme une œuvre, comme le silence qu'il fallait bien encore faire en faisant taire les bruits par la musique. Pourtant selon l'usage illimité d'amour, ils s'aiment aussi, tigres et pigeons ! Amour et bruit dans la nature, et tout corps sonore concourt à la musique et à l'amour, au risque qu'il n'y ait ni Silence ni Amour…

La cérémonie les change en dieux.
La plus étrange métamorphose — et ce serait elle, selon la fable freudienne, que diraient en variantes les autres — se répète dans la scène sexuelle :
Ce visage détaché là-haut en démon par-dessus la région des vêtements ruchés, d'où sort, burlesque érigé, le Priape « colossal », l'autre part du Centaure, qui n'a rien à voir ; bestial, disaient-ils, lui-même encore s'écorchant, dômé, décalotté, autonome selon Svevo, dieu sadien.
C'est la théophanie sexuée, pour chaque sexe de l'autre, et du sien.
Le viol avait longtemps gardé quelque chose de sacré.

Ils finirent par croire que l'homme est un animal. Imagine un animal « conscient », mais de son animalité seulement, attributs vertébrés, à la façon d'un voir qui voit sans être vu — et c'est tout : derrière la glace sans tain de son regard isolé « se » regardant manger, tomber, saigner, copuler. Sous ses propres yeux l'humanité, et la sienne, en troupeau, et lui à la fois abrité par le tain et exposé de l'autre côté de la glace, inchangé par le dédoublement, comme nous au cinéma assistant impuissants à la scène de séduction américaine où le mâle croit fasciner la partenaire rien qu'à descendre sa braguette. Et à la fin le mourir comme une dernière excrétion de tout le corps par tout le corps — tout seul.

Les dieux furent relevés par les chrétiens, baptisés par la vierge, et maintenant effacés de la peinture même... Que faire avec la profanée, la grande prostituée, la travestie au Bois ?

Comment remonter au Grec entre Ève et Marie ? Qui sont les femmes énumérables ?

C'est Ève la vénusienne qui est elle-même l'arbuste coudé de la connaissance, et ses deux fruits défendus, gonflés d'un lait gris, exubèrent.

Vénus au ciel, entre le soir et le berger, astrologique porte-manteau des amants, remontée de ses ruines, tutélarise quoi ? Le devenu incroyable est-il toujours ineffaçable ? Et la pensée de l'art révèle et transfigure les profanées...

Une grande œuvre nous délivre des « métamorphoses » archaïques — répétitives, infernales — comme Persée délivre Andromède, ou la Belle la Bête, ou le Prince l'Endormie —... et à l'instant donc je retourne ces mythes contre eux-mêmes. L'œuvre arracherait à la structure, à la lettre de la damnation, à la répétition amnésique de l'incessant supplice, une dernière transformation renversante, laquelle ?

Et au moment de l'héritage, il fut question qu'ils reprissent leurs dons d'anniversaire à leurs parents maintenant morts. Mais l'esprit de poésie qui fut appelé Muse, s'opposa, et c'est la preuve qu'il y en a un ; qui est plutôt de répartir, selon l'autre loi : et d'échanger ces dons en déshérence de frère à sœur, non par le sort, mais par une logique d'antidose et de chiasme.

LA CHAMBRE DES CARTES ;
RÉPONSE À L'ENVOI DE TAROT

Je leur trouve un air laïc et républicain à ces 77 cartes de Tarot marseillais que je me suis tirées sur la table face à la lisière : armoirie populaire fragmentée et disséminée, où le chercheur de fortune rassemble ses armes, son sort et sa devise en une donnée composée par le destin qui l'anoblirait.

Je recompose, sans doctrine, les signifiants pythiques, faisceaux, coupes, tresses, deniers, et les quatre suites de Reines, d'épée, de bâton, de coupe, de denier ; les trois vertus, les trois astres, les instruments (de fortune, de jugement, de chariot, de Maison-Dieu, de monde), les dix intrigants du drame à fabuler avec ces éléments sémiotiques, à mettre en scène et en récit ce matin ; et le XIIIe : son squelette en épi mûr passant la faux, quart de cercle à feu et à sang, entre les touffes et les têtes, à gué sur le bitume où le tibia gauche s'enfonce (et ne s'est-il fauché à lui-même ce pied), dans une dispersion empédocléenne de mains et de feuilles-oreilles bleues et dorées ?

Et les trois isolés agrandis : la verte massue vive, la coupe ostensoir orange chapeautée de tours, l'épée bleue qui décapite une couronne à cimiers végétaux.

J'ai disposé la justice sur le soleil, la force sur la lune, la tempérance sur l'étoile. L'oreille dans la lune

147

écoute les chiens, tandis que la force fait taire une bête d'or à force de lui ouvrir la gueule. L'étoile sépare et verse les vases communicants de la tempérance. La justice pèse ses bourses isocèles vides, le soleil luit également sur les jumeaux hésitants.

Le pendu redressé pose sur son échasse courte
L'amoureux blond dévie la flèche vers Elle
L'impératrice ébouriffe l'aigle de l'Empereur
Le mat pérégrine entre l'hermite et le pape
Le bateleur et la papesse regardent vers la droite
Le diable hermaphrodite subjugue un couple sage
L'ange du Jugement a des seins de nuage bleu
Il appelle un fils à ressusciter nu entre Ève et Adam

Je m'arrête à la Maison-Dieu : le jongleur choit de cette tour, une moitié devant, l'autre derrière ; ses balles, bleues, blanches et rouges constellent, circulent, relient. La couronne de créneaux, époussetée sur la tour tranchante par une volaille héraldique, s'équilibre sur un angle rond de la Tour ; deux petits nuages chus sont devenus flaches. Le Chariot porte Sa Majesté. Le monde est sur la boîte. La roue de fortune est arrêtée.

Ainsi le regard, attiré par l'arcane aux aplats naïfs (couleurs étales, dessins en cernes, ombres ou reliefs dénombrables) parcourt en survol les séries ou scrute un détail toujours descriptible. Pourquoi l'épée de la famille *d'Épée*, et la coupe de la famille *de Coupe*, et le bâton du carré de Bâton ont-ils chacun leur agrandissement isolé, leur carte : cette épée bleuie qui éclabousse de couleurs, et ce bâton vert du valet devenu massue veineuse aux anévrismes tranchés, tenue dans une main droite, corne d'abondance sciée par une manchette dentée, ou cette coupe ostensive et un fond de sang, cachée au tiers par un chapeau-château ?

Tandis que la série stylisée des 9 cartes *à deniers* n'a pas hors d'elle, mais en elle, dans sa séquence (X moins I) son gros Denier devenu louis d'or...

. . . .

Je pourrais lire longtemps ces icônes qui déjouent les correspondances en les articulant ; ça ne tombe pas juste...

Ai-je failli à l'une des règles de mon jeu : relier le motif ataxique d'*une* carte à la circonstance où je la tirai devant moi ? La paroi frondeuse de la lisière sous mes yeux écartèle l'automne de jaune, d'or, de roux ; le monde repasse partout. Un fût de Jessé étire ses racines vers le ciel où les nuages dosent la levée du crépuscule...

La donne des dés est passée par ma main, cette main d'un dieu qui ferait de même : nul ne sait, ni lui, quelle saccade dès la paume, qui ne dépend de rien, accouchera d'une configuration éphémère.

Des œuvres sont mon tarot, et la donne ne dépend ni de moi ni du donateur, le bel aléa de la circonstance, démon qui n'existe pas, et répartit dans le courant de mon fil d'Ariane les œuvres de rencontre qui m'auront changé en hôte, et ç'aurait pu être beaucoup d'autres ; les cartes tirées sont tableaux pages, cadres, scènes, socles...

Quelqu'un qui coopère à de la mise en œuvre, mettant la main à la pâte déchiffre anxieusement la circonstance et son rapport à la relation qui la représente, vivant de ce monde figural une existence typique, n'attend pas de ces cartons pantaculaires une révélation, ni une connaissance exceptionnelles que lui auraient refusées l'art, la littérature, la philosophie, l'histoire, ou les ruches de l'amour sphynges ou pythies de rencontre. Alors ? C'est à la donne des œuvres qu'il lit la mise en énigme de la vie invivable.

149

EN CARTES

À Valerio A.

Te souviens-tu de la preuve par neuf
Je pèle en addition les chiffres de tout nombre cher-
chant le zéro
Une règle défunte s'applique à tous les comptes pour
rien

À Michel Ch.

Porté sur le Holiday Inn,
Au dernier, à Durban
J'arbitre Orion la mer
La mer indienne à gué jusqu'à Madras

À Danièle S.

La voix rauque puis l'aphonie sur le Gange
Cherchait le nom de cette maladie
Des nouveau-nés qui naissent vieux

Et de ces morceaux d'hommes qui poussent du trottoir
Mendiants à plat ou déjambés dans la gare
qui vivent à un mètre cinquante au-dessous de nous

INDE, MONDE

Monosyllabes féminins à la rime, que la diction étire à plaisir par le nez et les dents, à pleine voûte palatale et jusqu'aux bronches, *Inde* et *monde* en français se font assonance.

Le grondement de monde sourd ondoie, se change en Inde ; la bouche s'ouvre, les yeux se lèvent, une interrogation monte, un principe d'ascension presque d'espoir, comme sur un autre monde changé en Inde.

Où est ce monde dans le monde ? Il est là-bas. Il pend, sous les continents accrochés au pôle, comme une gousse, il baigne dans l'immense Océan de son nom ; et le travelling que l'imagination éduquée par le film aujourd'hui opère depuis le satellite d'où tout est neige et cérule, descend et se termine en zoom d'écume sur les pêcheurs du Dekhan noir.

Où est ce monde-là ? Il est par là-bas et ne sera jamais vraiment — pour nous — nous *autres* d'Occident. L'Agence et le cinéma nous le proposent, nous le tendent, et il se dérobe, nous le savons, d'un savoir à bon escient. Il est approchable et inaccessible, peut-être se soustrait-il à ses habitants même aujourd'hui plus indiens qu'hindous...

On rapporte qu'il y a d'autres mondes dans ce bas

monde, Chine, Pacifique, Vallées africaines ou andines, où sais-je ; mais peut-être aucun ne fit plus monde pour nous que ce beau delta sur la carte, où civilisation et continent se tiennent à contenance de « monde ». Il descend par l'immense pan glacé de l'Himalaya, traîne d'une humanité mariée à la traîne des dieux — puis par les grands fleuves aux eaux rougies de Kali printanière ou purifiées par les ablutions des ascètes. Eux aussi, tous ces mondes, et l'indien, sont atteints par la fin du monde et c'est ce qui nous rapproche au pied de l'astronef qui nous déterrestre et nous devenons plus fraternels.

La fin du monde — que figure cet énorme Finistère isocèle où toute la terre se fait péninsule — attise la nostalgie et en même temps la fuite active et gaie, « en avant », d'oubli éperdu du très vieux temps. Y a-t-il une vie avant cette mort, se demande le jeune Occidental en marche vers l'Ashram.

PETITES MYTHOLOGIES PORTATIVES

Les Indes furent longtemps nombreuses. L'Inde était au pluriel, complément de la route, de la malle — et parfois du marron ou du cochon. Le Français, l'élève de la Dictée, hésite toujours s'il va en Inde ou aux Indes, et si l'hindou est un indien, et si l'hindou hindouiste qui porte un h est un religieux ou un citoyen, et si l'indien de l'Amérinde, rouge ou brûlé, qui barrait la route de Magellan à Hudson, est son cousin… Si multivoque était l'Inde que le monde fut inventé par son ubiquité, à l'Occident d'Hercule et à l'Orient des Grecs, des Vénitiens, des Jésuites. La totalité du monde extérieur, du

monde non-monde à conquérir, s'est appelé quelque-
fois Indes.

Égypte-Perse-Inde… la grande bande archaïque sur
la terre zénithale, périhélique, l'écharpe du Très Ancien
ceignait l'Orient où les grands fleuves amniotiques flot-
tèrent le berceau des civilisations, auprès desquelles les
Grecs ont perçu qu'ils n'étaient « que des enfants »
(Hérodote) ; les chevaux d'Apollon Alexandre ont viré à
la borne de l'Indus et régressant par la Kafiristan rap-
portèrent sur la tête bouclée des Ioniens le sourire du
bodhisattva pour le musée Imaginaire.

L'attraction qu'exerce « l'Inde » est équivoque. De
ce que la rumeur et les affiches appellent *Inde* aujour-
d'hui, proviennent des sagesses simplifiées, sectaires
commerciales, « assimilables » par des répétitions. Le
« jeune », comme il se nomme, souvent qui cherche à
se connaître en se faisant reconnaître sous un signe,
l'obtient d'un ralliement à la fois exotique et banal, et
le sourire d'une « Mère » grasse sur un tract parisien,
avec le coup de poinçon rouge qui l'estampille entre
les sourcils, lui promet la maîtrise et la sérénité. Mais
la robe de safran ne fait pas le moine français. La télé
nous apprend que des « cadres » passent à un boud-
dhisme d'importation, mais un abracadabra, même
appelé *mantra* ou *bîja*, cent fois répété devant le mur
lamentable de ce qui restreint, croyons-nous, notre
existence, ne fait pas crouler celui-ci.

L'erreur qui fut celle parfois de Daumal (me semble-
t-il, *cf. L'Évidence absurde*, Paris, 1972), est d'oppo-
ser un Occidental de caricature à un Oriental de
sagesse : s'appuyer sur celui-ci pour « se distinguer »
de celui-là : visée sacrificielle par où j'exclus le tiers
pour surnager, survivre. Passer d'un cliché à l'autre, et
en particulier par celui du silence, n'est pas le meilleur
gué, trop sec, pour traduire l'Orient. Le *silence*, il

s'agit de le *faire*, comme dit la locution : affaire de mise en œuvre ; et pendant qu'elle le *fait* (poiêsis), on ne l'entend pas, pas encore.

Ce qui importe, c'est moins de nous extasier, naïfs, sur la prouesse d'un maître de Nirvana, que, sous l'aiguillon de son exemple rapporté par une tradition étrangère, de transposer dans notre expérience en nous demandant quel serait son équivalent-sagesse dans notre tradition. De là, ayant compris (peut-être) à quoi correspond l'apologue bouddhiste ou jaïnique dans notre expérience occidentale, nous pourrions mieux apprécier — c'est le mérite des traductions que ce retour à l'envoyeur — ce qu'il peut signifier pour leur sagesse.

Or le *Gourou*, nous dit Ravi Shankar, est un maître de musique. La flèche du Maître dans la nuit marque la cible, le « centre », si « le centre de la cible » est justement la cible. Elle la révèle. La flèche touche une chose dans la nuit, et elle en fait sa cible.

Fable de la relation qui fait exister les termes qu'elle unit, arc et cible ; fable de la cible qui n'est pas antérieure au coup de maître qui l'essaye. Fable de l'improvisation, du mot juste, *agudezza* ou *witz*, qui s'invente. La brièveté sentencieuse de l'apophtegme découvre ce qu'elle vise, frappe, plante, fiche, fixe, vibre.

CONTE DU PARADIS

Cette langue inventée par William Jones, et qu'il vantait à Calcutta en 1789, à partir du sanskrit plus parfait et plus délicat que toute langue, a crû comme un banyan. Et ma mise en scène imagine dans une sorte d'Antépurgatoire Jones et Bopp sous le grand arbre *indoeuropéen* avec Meillet et Vendryès, avec Dumezil et Benveniste, distillant ses racines jusqu'à l'imprononçable étymon. Ils remontent des langues à la langue — notre mère qui êtes sous la terre — et de la langue aux choses, aux institutions, à la communauté des dieux. Ainsi comparaisons, structures et être comme-un, la linguistique comme une poétique les appareille.

PAUVRE CHER MUSÉE GUIMET
TOUT ÉRODÉ

Aux salles du Guimet sale et perdant ses trésors, je reviens. Sur ses pis de terre cuite le sarcophage de Souttoukeny est devenu cénotaphe. Face au visiteur, le roi-serpent rose vêtu de sa ceinture a un envol de Victoire grecque. Le dieu de Mathura, son corps sous fine marée montante de pierre, zona de 27 vaguelettes (son corps) décapité comme une auréole, ondoie. Les bodhisattva finement moustachés du Gandhara dandy ne cohabitent pas avec les noires sorcières dravidiennes protubérantes. Balustre de stupa, c'est Ève la dryade qui est elle-même l'arbuste coudé de la connaissance, et ses deux fruits défendus, gonflés d'un lait gris, exubèrent ; ou cette triade de divinités fluviales rebondies, l'érudition s'y baignerait volontiers... Mais le temps achève les œuvres, et souvent ne restent de ces femmes que les seins bombés où s'expose et regorge la beauté empétrée de Baudelaire, sur la pure redondance de l'étiquette didactique : « buste féminin de grés »...

Têtes et corps voisinent aux vitrines, à jamais séparées par le temps comme dans un atelier de métamorphoses arrêtées par le savoir, ou celui des *Têtes interverties* de Thomas Mann.

La tête cerclée du jeune bouddha allégorise la cécité

de la vue : des yeux peuvent se fermer en s'ouvrant, des yeux qui refusent leurs pupilles donneraient sur autre chose, révulsées plus haut que les paupières et retournées vers en dedans qui ne serait ni celui des neurones ni d'une endoscopie psychique ? Le sculpteur heureux esquisse la voltige d'un sourire satisfait de cette révolution.

LA DOXA DES NOMS;
UN POSTER DE CLICHÉS

Je suis en train d'écrire que j'imagine que je ferme
les yeux, que je m'en vais…
    … Une vache enraye un tramway
    Un Gange passe, un bateleur tantrique
    remorque un cab très excentrique
par une corde à son linguam dur comme trique
La foule des 700 millions ne s'écarte jamais
Des idiomes sourds entre eux et juchés
    sur grasses hanches drapées
se pressant au comptoir d'Air-India à Bombay
    — Hindis Ourdous et Bengalis —
    ne s'entendent que par l'anglais

    Le Yogi
mangeur de silence sur le pliant des jambes nues
    vieillit
    comme un cru
Les moulins des dieux sont des géants
Le maigre ascète n'a pas de livres ni d'écuyer
    Il fait sa sortie au-dedans
Une pintade grise rincarne un artisan

    Dans les faubourgs
Un film s'éternise, des amours

à épisodes d'un prince p. h. d. de MIT
qui enlève en Porsche une dactylo de Delhi
Au village de Satjajit Ray
le temps se fait lisière intemporelle
           La mousson fait mousser
une moisson de seins mûrs en sari
Le roi des singes saute sur l'estrade
Nous appelons le plus pauvre de vos pauvres un paria
           Le plus riche de vos riches un radjah
Nous les faisons se croiser aux margelles du Fleuve
Ils se voient, purifiés sous une pluie de cendres veuves
Les corsaires de Malabar tournent un documentaire

AUX LECTEURS CHINOIS

Voici quelques poèmes partis dans une autre dimension, cadeau — ou « présent » — transmuté dont je ne peux pas même savoir s'il fera plaisir sous son aspect chinois ; si même il est recevable au lecteur chinois. Je connais par expérience de voyages la répartition chinoise de l'Être, en tout cas *des êtres*, en « chinese *versus* non chinese », et je souhaite que les Chinois s'intéressent aux « non chinese », qui ne sont pas même des « chinese abroad », autant que nous nous intéressons à eux, c'est-à-dire extrêmement.

La façon dont le poème « dit une fleur » — pour reprendre la formule de Mallarmé — n'est pas celle dont « Interflora » livre un bouquet dans une ville lointaine — sans problème de traduction. Mais, si éloignés que nous soyons les uns des autres, nous avons en commun « quelque chose », par exemple la différence entre *livre* et *livrer*, strictement à l'étroit dans l'homonymie française, qui a peut-être son homologue quelque part en chinois. Nous avons en commun précisément ce que la traduction cherche à ne pas abolir en traduisant : en général, donc, la puissance qui constitue une langue de parler d'elle-même et de son rapport aux autres langues. Nous avons en commun (aussi) le rapport des mots aux choses, qui se défile dans les langues, et le rapport des langues au langage, qui obsède les écrivains ; et pas mal d'autres *choses* qui ne relèvent pas de la description, parce qu'elles ne sont pas des objets déjà là, donnés, tout faits, mais « créés », c'est-à-dire apparaissant dans et avec la vision poétique qui « rapproche », définit, et ainsi fait être les figurants de la fable d'exister.

Et nous n'avons pas seulement en commun un Grand Référent (plus grand encore que celui que je désignais de ce nom en racontant mes voyages à Pékin dans mon livre *Donnant Donnant*) lequel peut être appelé la Terre, et dont la menace de destruction *réelle* nous assure aujourd'hui que notre amour du monde était réel. Devrons-nous attendre la « fin du monde » pour que notre être-au-monde *ensemble* se révèle, passion unificatrice et pacificatrice... trop tard ? !

METROPOLITAN MUSEUM - OCTOBRE 89

Ce que nous pouvons apprendre de l'art chinois : pour *faire* l'eau (et qui veut faire l'eau fait le peintre... Le français dit aussi : « *rendre* l'eau », et si j'insiste en ces locutions, c'est pour commencer par l'intraduisible), donc pour faire l'eau, il suffit de rien ; c'est-à-dire de « rien », à savoir de rien d'aquatique : le coup noir du pinceau mimant une étrave, le dessin qui trace le signe d'une rame y suffit. Quant à « l'eau elle-même », c'est, du coup, sous le coup, le blanc du rouleau, la matière de la toile de fond intacte, qui devient eau : toute l'extension du fond se met en nage, de n'être pas touchée.

Et pour « faire le ciel », un signe d'aile, une trace de

lavis en oiseau, et tout devient ciel sans que rien de ciel soit « re-présenté ». Et pour faire la pluie ? L'artiste n'exhibe aucune goutte, mais voici qu'il fait pendre une feuille de bambou alourdie, et s'il n'y a personne en vue, c'est que tout le monde a fui : c'est la pluie. « Tout » devient pluvieux en l'absence d'eau ; pluie sans eau à qui manquent les gouttes. La métonymie (« pas de fumée sans feu ») devient métaphore : la fumée sans feu embrase « le monde ». La feuille lourde « mise pour » (c'est la définition de la métonymie par N. Frye), mise pour la pluie en l'absence de toute apposition de pluie, *rend* le monde « pluvieux ». Et que « tout » soit *comme* pluie, de proche en proche, par un « rapprochement », donc foudroyant, qui en quelque manière semble (par métalepse) avoir précédé (on dit : « dans l'expérience ») le jugement qui « rend » cela, c'est l'empreinte du caractère figural de l'existence ; la besogneuse « métonymie », locale, n'est pas « capable » de cette métamorphose.

L'affectivité, ou affectabilité de « l'homme » par telles tonalités foncières où se figure « l'Être » en les figurants terrestres qu'*il y a*, surpris et mis en scène par la dramaturgie artistique (ou « esthétique » si vous voulez), ne relève pas d'une « psychologie », d'un sujet qui « ne discute pas des goûts et des couleurs ». L'*Être* s'envoie sous la figure d'un *tout* qui est *comme* un de ses aspects. Sans doute est-ce là ce dont le « symbolisme » essaya l'exploration et la théorie. Appelons *métaphore* ou comparaison, l'opération en général dont les « figures » monnayent le pouvoir absolu.

Et pour faire le poème ? Il y a un côté par où le poème doit « faire poème » — selon cet usage de notre langue qui, ailleurs, dit « ça fait paysan », ou « ça fait bon genre », etc. Il faut alors — mais il ne suffit pas de

— distribuer quelques mots sur la page en « justification » spéciale, dans et sur le « blanc ». Le *blanc* (confondu avec celui du papier) (res)sort de rien comme le lac chinois ; ce qui n'offre que peu d'intérêt, à moins que le blanc ne soit là lui-même que mis pour : mis pour la lumière, par exemple, ou milieu de visibilité pour la pensée, dont le prisme des dires décompose et recompose l'élément. Mis pour « suggérer » (Mallarmé) un certain *état,* une disposition à l'égard du rapport du *dire* au *silence,* rapport de la langue en état de marche, usuelle (« universel reportage ») à la langue en état de danse (prise en poème, littéralement et dans tous les sens littéraires). Et de même qu'au moment d'entrer en état musical Valéry préférait les préparatifs de l'orchestre cherchant le *la* sur tous les timbres, ainsi nous, lecteurs ou écrivains de la langue « littéraire », entrons dans l'état quasi musical (Verlaine) du poème qui se et nous dispose à se faire entendre.

Mais qu'un poème « fasse le poème » (fasse le beau, fasse l'ange), ne nous garantit pas, c'est-à-dire d'abord ne lui promet pas qu'il (le poème) accueille la poésie, soit *à la mesure,* rythmique, de la surprendre dans la circonstance passant en relations circonstanciées ; ne l'assure pas, ni nous, qu'il trouve contenance poétique.

À dire vrai, un tout autre procédé, ou une précaution, à savoir l'inverse même, est de mise aussi bonne, aussi *apte* à décevoir la poésie : que le poème joue *à ne pas* « faire poème », à se dissimuler, comme Déméter, pour soigner la poésie, ce qu'on remarque quand on observe qu'à certaines époques la poésie ne passe plus par les poèmes. Surprise alors pour qui saura la reconnaître sous d'autres attirails langagiers, voire linguistiques.

C'est pourquoi il y a quelque chose de circulaire et de réflexif dans l'affectation de l'écriture poétique par et pour soi-même, qu'il ne faut pas prendre pour le plat « autotélisme » de la suiréférentialité. Plutôt un rebouclage qui implique un décrochement, un recul sur soi qui déboîte un « au-dedans » : le poème, dans son improvisation (le saut où il se décide) et sa lecture (la décision éthique de prêter audience à son ton), installe la circonstance du poème avec le poème, la circonstance qui appelle le poème de (la) circonstance.

ANTEPURGATOIRE

Comme les morts de Jean Genet, ils arrivent en un lieu
Autre, spirituel, et nous pouvons comprendre
Que ce ne sont des morts, quand bien même figurés
Par la superstition des mourants que nous sommes
Mais des êtres libres « comme » les morts :
C'est le lieu de l'Art dont le Musée lui-même
N'est que l'ombre approximativement rapportée des
    ombres
L'être-ensemble des œuvres en effet ressurgies
Sorties des temps et des lieux innombrables
Et réunies ici autour de Tirésias
D'où que ce fût venues les unes proches des autres
Dialoguant peu disertes à travers mon silence :
Ce que les amants de Lucrèce ne peuvent
Le peuvent les morts d'Homère : la traversée du désir.

CE MATIN

Silence de nuit complète à cinq heures
Janacek en quatuor à son dernier amour
Debussy pour Chouchou fabrique un gollywooks
J'ai le tome 39 de Martin sur les genoux

De quoi hier ce lendemain était-il fait
Dont ils ne savaient rien nous le savons
Eux qui furent égaux dans cette nescience
Nous fiers comme des rieuses de veillée
Qui savons cela Tout cela de plus
À la fin au moins cela qui n'est rien d'autre

Le gros caillou remonte
Dans la nuit tombe et en tombant retombe
Ils en sont à la fin d'aujourd'hui
Nous bien sûr au début de ce jour
Et eux là-bas hier encore à L.A là
La faucheuse qui n'existe pas plus qu'un dieu
        Les fauche eux et euses

Ce qui échappe avec le mot qui échappe ce
n'est pas seulement un autre mot mais ce
que les mots de la phrase comme des doigts
        tressent en laissant fuir

166

Une houle rostrale d'espace pousse
Le spacieux mascaret du vide
Rien qu'inventive expansion de nébuleuses en proue
Mais où donc est passé le temps ?
        Des monades
        sur la terre comme au ciel
        implosent en trous noirs

Le centre est le sommet
Ce point le plus exposé au soleil
Il y a une écaille de la terre partout
À chaque seconde qui est plus proche
Du soleil que toutes les autres
Il y tombe à pic — pour un œil
À ce moment qui passe au zénith et que
Le reflet d'un éclair aveugle
Comme à l'orchestre tour à tour
Un spectateur s'allume
Au réverbère en diamant de la star
Qui lui tape maintenant dans l'œil

Pénélope c'était donc ça
La tapisserie d'un jour
Dont la nuit aura feint l'amnésie
Mailles de biens, d'échappée, de renonces
Faux filées de lecture et ratio de lumière
Elle lègue aux familles régnantes
La joie de ses derniers moments

De chacun on pourra dire
        Il avait essayé
plusieurs fois de se tuer
        Veille à te regarder
        pour te faire disparaître

La flèche touche une chose dans la nuit
        Qui en devient sa cible
Un sens nous sommes
        avides de signes

J'ai tout à me reprocher
dit le poème mot-dit
Car vous n'êtes pas irraprochables
— par l'anneau d'un *comme* visible ou non —
amis ennemis phases et phrases.
Il n'y a jamais que *groupes de ressemblances*
faisceaux de semblants pour la pensée
qui s'approche du comme-un des mortels
cette anthropomorphose qui pourrait échouer

AUX HEURES
D'AFFLUENCE
1993

LE SUJET DU POÈME,
SUJET À POÈMES

Le poème, synoptique au présent de son indicatif, rassemble des choses — ou en disjoint — dans le à-la-fois de son il-y-a, comme si son sujet, son JE, qu'il soit lyriquement shifté ou non, était un relateur dans un moment de survol, très ailleurs très près, au pseudoprésent (construit) d'une vision ou conception

Lui, le relateur, ce narrateur, conduit un
orchestre de monde à ce moment-là, qui
n'existe pas, si on veut, mais c'est comme s'il
le faisait jouer.

171

SORTANT DE SAINT-PIERRE
DE ROME, J'ÉCRIS :

Dans une pietà il y a aussi une chiffonnière
De l'aube qui tend à d'autres un déchet son trésor
Et ainsi dans toute chiffonnière à l'aube
Il y a une pietà qui tend un fils à l'espace
— à l'aube un scribe sur l'épaule
　　Qui signe la pierre ou le poème de pitié
　　Et le destine aux contrariés

　　Le premier temps est celui de la profanation ; la
comparaison (comparution) s'est faite dans un sens :
le comparant est une chiffonnière, je reconnais la pietà
en la rapprochant de la clocharde qui fouille les restes
de famille à l'aube et en extrait son trésor. Puis il y a
renversement ; je fais de la révélation, au sens baude-
lairien, avec de la profanation : à son retour, la chif-
fonnière est (comme) une pietà. Éducation de l'art par
le religieux et ineffacement des théologèmes-mytholo-
gèmes par leur figuration poétique.

Dans une chiffonnière de l'aube il y a une pietà
Qui espace la portée de ses genoux
Et ainsi dans toute pietà qui tend son fils en monde
Il y a une chiffonnière mesurant l'étendue de sa perte
　　son trésor

— qu'un scribe sur l'épaule
        Signant la pierre ou le poème de pitié
        Destine aux contrariés que nous sommes.

OÙ L'AMOUR ET LA MER
CHANGÈRENT DE REFRAIN

Bien sûr, il n'y a pas de « premier souvenir ».

Pas même, semble-t-il, extorqué sur le divan où le docteur Anti Procuste, analyste aimé « cliniquement », incline l'impatient patient.

« Premier » ici désignerait le prix qu'attache l'amnésique à telle anamnèse de circonstance commandée par un « tu te souviens ? » convivial. On se souvient que Georges Pérec en fit une espèce littéraire. « Je me souviens... » Pour vous qui n'en avez cure, je me souviens ce matin de ceci :

Où l'amour et la mer changèrent le refrain.

La scène (primordiale en l'occurrence de ma remémoration) se passe dans un port du nord-ouest de la France, à Ouistreham, je crois bien, avant-port de Caen. Quand ? « Avant la guerre » ; puisque j'appartiens à une génération que distingue la différence entre avant et après guerre, et mondiale. Un temps avant la guerre, puisque mon oncle Charles, silhouette à contre-lune à la proue du bateau dont je parle, le sien, y périt. Donc les enfants que j'évoque avec ce « moi » d'alors ont quatre ou cinq ans ; c'est la drôle de paix, il fait nuit, on les a couchés dans ce yacht à l'ancre, qui va lever, demain, pour les îles anglo-normandes, l'ancre ; les pères, mères et amies, vieillards de vingt-cinq ans peut-être, plaisantent et chantent sur le pont, les enfants, nous, ne dorment pas, l'oreille tendue ; le clapot pianote les lisses, voudrait jouer ; l'enfant de cinq ans peut-être, je, se lève de sa couchette d'équipier, grimpe l'échelle, passe les yeux, la tête par le cockpit, aperçoit à la proue le groupe des « parents », femmes assises sur le plat bord, jambes au beaupré, les oncles funambules adossés aux haussières, et j'entends la chanson « Le bon vin m'endort, l'amour me réveille encore » ; je marche vers les amants, à petits pieds nus j'imagine, pour faire un « coucou » ; l'un des adultes, mon père peut-être, adossé à Orion, m'a vu, je suppose, tousse, alerte la censure et fait reprendre en chanson :

« Le bon vin m'endort, *la mer* me réveille encore. »

Trop tard ! La différence de l'amour m'a éveillé.
L'amour et la mer échangèrent leurs noms ; un jeu de mots où l'amour se cache : un premier quartier de la poésie se lève.

ÉTANT DONNÉE…

Étant donnée toi par mes soins trilobée Moi
    Tige soignée de tes mains
L'haleine requérant un mot qui t'invagine
Je est un autre je aimant celle-ci
Par celle-ci un autre je simulant le semblable

Être un être qualifié comme un enfant
    Bordé d'attributs de ta bouche
Aimant la supplication des langues remuantes
Le contrevent des faces liées à contresupplice
Ou la greffe de délices quand ton dos me regarde

Le poignet gauche évidait l'aine
L'étang nu de la sueur fraîchissait
    T'ai-je abandonnée
    Moi l'axe de l'assise
    Toi le jardin suspendu

DE LA MORTALITÉ DE L'ÂME

La donne des dés passe par ma main
Cette main d'un dieu qui ferait de même
    Nul ne sait
Quelle saccade dès la paume qui ne dépend de rien
   jouant
      « Un peu de temps à l'état pur »
Perle en lobes sur la servante ou la maîtresse

    Ô Simmias et Cébès
C'est plutôt notre vie qui use plusieurs âmes
L'espièglerie du monde brille ce matin

Tu regretteras les heures de tes seins dans mes mains
Celles de mon visage accouché sous tes yeux
Il n'y a pas que dans les livres qu'on parle comme un
   livre

Je regretterai l'anabase depuis ton sein
Remontant Eurydice tout le long d'Eurydice
Du chiasme ténébreux des lèvres au double sein
À l'horizon des yeux accouchés de tes lèvres
    Il n'y a pas que dans les livres
    Qu'on n'aime pas que dans les livres

ÉLANCÉS...

Élancés ils s'enlacent, l'amour et la comparaison !
L'amour compare la comparaison qui aime louer avec
   des anaphores
      et la lyre saphique tisse
      l'incomparable beauté des bords
      à contre-jour d'une éclipse de l'Être

(or m'éloignant en barque de l'île-hôtel
— aube que tu saluais à la fenêtre d'Udaïpur —
nous n'étions pas sortis du conte
mais protégés, édifiés même
par une constante de Propp plus belle
que les trophées photoscopiques)

                Ce sera
toujours trop tôt toujours trop tard
donc c'est maintenant   le
trop tardif et trop prématuré adieu

SOURIRE...

Sourire
Quand je la croise sur son visage
Sur son visage comme sur les nôtres
Sur leurs visages il y a
Des restes de la rencontre précédente

EUROPE À LISBONNE

L'amour s'est « libéré » de la prison d'Amour
Regarde   Il reste ce beau vide
d'amour évidé   Ce mouchoir de marbre
que l'amante agitait à l'océan agité
ou à l'amante captive un troubadour captif

Et maintenant décris le château d'eau pétrée
Le château de vigie capitane
Qui fit aux Renaissants penser au Féodal
Vœu accompli d'un prince accomplissant le vers de
    Gongora
« d'une tour de Vent construite en Rareté »

Et maintenant
Le sage tapis de Tage tiré se retire à ses pieds
Le savoir s'est aussi retiré
Comme un jusant sous une sécheresse ignare
Où les notices jettent une écume de dates

De la Tour de Belem à la Tour de Stephen
Je veux ne pas médire du sens de la visite
Qu'autorise le ticket culturel polyglotte
J'y suivais dans la cage la femme de ménage
Qui a fonction de bien tenir ce vide bien à vide

180

De nouer la faveur de la pierre au troisième palier
Et de ranger turbans, de pierre, écus, de pierre, de
   sultan, de croisé
                              de ménager retour
à l'Amour qui ne reviendra pas

(UN SIXIÈME DE L'HEXAMÉRON)

A l'incipit il y a le comme quand, le secret change que se donnent le *comme* et le *quand* dans l'asyndète, la préférence de l'exemple pour le moment. C'est comme quand le paysan un jour de fête va voir son champ après l'orage, l'orage de mars, ce mardi de mars, l'orage du dieu qui sépare les eaux et les eaux (« Comme au souffler d'un verre esparpille soudain/ C'est entour cristallin dont la terre est cernée »), et qui unit le temps et le temps, la chance de cette homonymie dans notre langue, le temps et le temps qu'il fait,

comme quand nous sortons à l'air libre, météorologues accordés à ce qui vient par l'humeur selon le temps, accordant notre air à l'air vif ou pesant, dans l'expérience du *il* qui *fait* la pluie et le beau si ordinairement, et d'un faire qui n'est pas notre fait, si proche du *il y a*, je n'y peux rien, le jour se lève, le monde se lève, il vaut mieux se saluer dans la courtoisie du présent que nous nous faisons de ce *même...*

*

Le même, dès Parménide... Quelle beauté de penser que toute la complexité, tout ce à quoi se mesurent

182

aujourd'hui encore et toujours les logiques et les sophistiques, les ontologies et les grammaires, et la scission des mentalités, est tenu d'entrée de jeu dans le poème complexe parménidien de l'Ajointement ! Que ce qui tient ensemble la concroissance des opposés, celles qu'on nomme les choses — qui par leur centre sont clairement opposées comme le jour et la nuit, mais, attenantes, mêlées, passant l'une dans l'autre insensiblement dans la transition de leurs bords où elles se montrent quasi mêmes, comme une, région des aubes, des lisières, comme les peaux des amants où la duplicité sentant-senti se redouble et se renoue réversible — les choses donc, ce réel à la fois distribué en multiples dans l'apposition où elles se séparent, choses de choses, dessinables en contours, et configuré en amas que la décision d'un art peut organiser autrement, et où la science sait trancher ses objets ; que la tenue dis-je des opposés concrets, jour nuit, homme femme, tout *cela est en étant pensée(e)*. Cela, la synapse des conjoints (cela donc qu'à son tour pourra seulement nommer le vocatif de choses visibles, tels cheville, pli, clavette, coin, feuillure) est en étant l'invisible intelligible. Être et pensé(e), le même. Être, donné au voir ou visible, et penser en dicible se sont échangés. Ce même est lui-même pareil à une clé de voûte, où s'arc-boutent les opposés, aussi dissemblables qu'ils puissent être, qui célèbrent par elle où leurs mains se joignent le comme-un, y coopérant chacun dans son mode. Ce *même* a le même nom dans cette langue que le même-qui-unit, *l'homologue*. Ce même appareille les mêmes, lui-même pareil aux choses qui unissent les choses.

*

183

Le commun prend en charge sans ingratitude
Sa bienveillance lève l'immunité,
partage les parts, ajoute et échange,
      nomme.

Communal, son lieu n'excommunie pas la propriété, mais la traverse, la bouleverse, la renouvelle. Au repas du soir il se communique vulgairement par le *et*, par le *ou*, par le *comme*.

Le pain en commun a le goût d'un dieu.

La prose par l'étymologie redonne le comme-un des mortels.

*

A ton image tu te fais ; tu ne te reconnais pas, grâce au miroir ; le miroir ne redouble pas, mais déforme, et tu te connais à œuvrer au tableau qui produit les reflets qui te dévisagent. C'est comme si la vérité trouvait à penser en se figurant parmi les choses qui allégorisent ses traits, là parmi ce qui est, comme si la pensée avait été éduquée par le Chiron des choses, son *auto*portrait se tirant par ses *homo*logues. À même les choses traîne l'analogie de l'expérience, qu'il faut faire parler, comme si le rapport vigne/volcan par exemple et sur le site de Pompéi donnait une mesure du rapport de gésine à destruction.

*

La réflexion est en reste ; il y a un reste dans la régie ou dramaturgie du pensable, qui la contraint à une métaphoricité supplémentaire, inapaisée, cherchant une nouvelle figuration, une allégorie plus à même de faire revenir en langage de langue la parole aux prises avec ce qui n'est pas elle. Ce compte s'entend se dire dans une littéralité de fable, la lettre d'un argument scénique qu'il ne faut pas prendre à la lettre. La fiction s'épuise inépuisablement à donner contenance à la vie de la pensée. Car il faut bien que la fable puisse être prise à la lettre, séduisant et leurrant un lecteur légataire, pour que l'interprétation se poursuive sans fin de ce qui y est et n'y est pas dans tous les sens de sa propriété figurative.

*

Minutieusement, distributivement, dans une pesée de troc, chaque chose étant pierre de touche qui *rend* (« et si on les touche, elles rendront quelque son »), qui traduise la différence de l'autre par l'autre, la comparaison, l'hospitalière anaphorie de l'éloge soigne la différence, commence la série des

comme quand les deux amies, les adolescentes, se comparent les seins, dans l'égalité circonspecte de leur attirance, belle chacune et laide en même temps pour soi et pour l'autre, dans cette proximité sexuelle qui n'est pas celle de la *phanie* fardée, rêve de pierre, ni celle de la maladie secrétant au secret, mais en cette scène que nous appelons du désir : ouverte au désir par le désir, attentive au corps et savamment distraite du corps, léthargique assez pour isoler son intérêt, celui qui s'accomplit sans tiers dans l'intimité androgynique.

Ainsi la pudeur est-elle passage secret, apparat disposant la scène érotique, emphase de séduction, s'il faut que la posture s'arrange ; la pudeur compose les soies et les voies, lacets et lacis, et sa parade précieuse, syncope qui dose juste pavots et leurres pour la cérémonie, pour entrer sur l'autre scène en celle-ci et parvenir à l'impasse cachée par où il y a désir de

repasser, là où, dans l'intensité de la difficulté pudi-
bonde, de la différence se refait sur la littéralité
sexuelle, un partage des deux côtés en vue de l'être-
comme, chacun pareil au feu qui s'alimente, en férule
et en braise, car le désir n'est pas seulement preneur,
manquant, mais regorgeant, éclairant, désireux de
briller, de se consumer en matière première, passivité
bandée.

*

Comme ces entretiens élancés, amicaux, et tandis
qu'animés ils tendent à leur eutrapélie, le monologue
par en dessous, concurrent secret à contre-courant
sous les rires du dialogue sonore, tient son inaudible
aparté, pour une fois égayé (« il y a encore de la sym-
pathie entre les hommes !... »), voici qu'entre deux
rires, deux rives à s'étrangler, l'*autre*, en incise, en
lapsus, nous révèle qu'il nous prend pour un autre,
ou s'est mépris sur notre mot de passe, étranger en
profondeur à notre histoire, voici qu'il se reprend
pour dénier le malentendu, et nous renouvelons le
contrat de mésentente en un rire commun, mais c'est
trop tard et la catastrophe eut lieu, et un semblant
scelle un privilège rompu...
    ... « Je te rappelle » (la procrastination du télé-
phone), on se rappellera pour se voir, à la fin du mois,
après les fêtes, le voyage, le chapitre, inutile et néces-
saire, réticence partagée sans *common knowledge*
assurée.

*

Le tendre aubier du cœur inchangé recouvert par
les anneaux de l'âge, écorcés, condamnés à une mort

186

lente, et tout ce que nous disons en le déplorant du malade, du prisonnier, cela est justement ce que nous sommes.

La fondation creuse un sol pour nous le révéler, qui est plus profond qu'elle et ne l'a pas attendue. Et pas plus que le bateau ne ressemble à la mer qu'il peut parcourir, la philosophie comme tout artefact ne ressemble à cet élément qu'elle creuse pour nous dire notre semblance. Après l'ouvrage qui fait les ponts, les bateaux, les demeures, l'art vient, comme savait Platon, nous révéler que nous sommes comme ce comme quoi le travail artisan nous apprenait que nous pouvions faire.

*

La solitude dites-vous? Condamnés à vie, disait Arendt, à vivre en notre compagnie, à réclusion avec nous-mêmes, et j'ajoute qu'être soi-« même », c'est comme être en cellule avec un ignare, paresseux, guignard, cet autre en nous qui occupe le terrain et le temps, sous l'œil d'un juge infaillible mais qui n'a pas d'autre contenance, étant sans qualités, que l'ascétique observation de cet autre en nous, le pauvre, le mauvais œil, il faut l'occuper, le détourner avec des livres, de la musique, des nourritures terrestres, des pensées qui ne sont pas les siennes.

*

Le rire, le rire des dieux, est le regard de « tous les autres » tombant sur l'un d'entre eux, un instant isolé, excepté, exposé — comme ne faisant pas exception. Comment, sachant, tout en sachant, la misère de la condition, le ridicule de mon être singulier (celui-*ci*,

187

reconnaissable, égal à tout autre en ceci qu'il est visible comme quand l'homme invisible redevient visible), cette définition, comment y a-t-il, puisqu'il y a, bonheur à se relever dans la pure relation, ouvrant, frayant, jouissant de, l'entre, l'y-être, le commêtre, l'interest, le partage dont je suis l'un des termes, et le milieu, et la vue surplombante, le survol de l'entiè-reté…

*

Tu es mon ami et je parle de toi comme ton plus lucide ennemi. Aux heures d'affluence tantôt l'eau qui afflue à sa source en fait ressortir la beauté, tan-tôt la défiguration affleure avec la parole à son embouchure même, cela te déconsidère et te fait dis-paraître au lieu même de l'apparition.

Dénouant la convention entre tes yeux et ton âme à chaque fois ce fut un gain, une invention formidable, cette dislocation de l'être et du paraître, une libération ce refus des lois de l'expressivité, cette destruction des filières naturelles d'équivalences motivées, et l'obliga-tion de nouveaux pactes, sans trêve, sans créance, laborieux. Job n'est pas maudit parce qu'il est ruiné, tu n'es pas intelligente parce que tu es belle. L'active fiction dissocie l'être du paraître, et refoule la super-stition, avec les conséquences de telle audace !

La poésie comme un art contrarie son avenir avec ses propres étapes. Sa crédulité renforce la superstition des louanges, plaide la motivation à coups de preuves cratyléennes, supplémente des évidences par affinités révélées. Mais elle dérègle aussi bien tous les sens rai-sonnablement, rapprochant par *alias* et de bons *alibis*, hasardant l'objectivité, arbitrant les signes, elle déri-tualise les figures, embrouille les pistes, augmente les prix du paraître, falsifie les comptes, règle la dette avec des transactions de doutes.

*

/.../ *genèse par exemple en bateau,* en avion : « mon » axe, sillage, jet, flèche, ma prouesse sépare une droite d'une gauche, scie l'immense, diastématise l'indivision, et invente la relativité et le chiasme ; différencie la différence qui n'est pas, entre ceci qui n'est pas cela et cela qui n'est pas ceci. L'intelligence doit surmonter la distinction que son intervention partageuse fait être, mais non par *création* car d'une certaine manière elle n'est rien ; projetant la relation, l'orientation irréductible et les mariages foisonnants qui rémunèrent de dots croisées la scission du dehors au-dedans. Comment réparer ce pantamètre protagorique que mon y-être invente et, grâce à cette mesure, surmonter les paradoxes que son frayage engendre ? Si nous sommes à la fois dedans et dehors, n'étant ni dehors ni dedans mais nulle part et que cette ubiquité localise toute localité — l'impossibilité d'en sortir pour un être qui conjecture un Autre d'où il revient comme s'il en provenait, qui frappe tout son parlêtre de quasité.

Le partage implique une indifférence foncière, un absolu, qui peut être à son tour partagé par tous, devenir notre commun partage : celui de l'être/néant où s'éteint même la temporalité.

*

De l'illusion combattue parce qu'elle me semble affecter l'autre, à l'illusion que je programme, « illusion de la joie », pour tous ; de l'illusion qu'un poème

189

satirise, à l'illusion dessillée qui désire mettre en jeu et en œuvre une transfiguration précaire de la circonstance en un présent qui donne joie, si l'on peut *passer* de l'une à l'autre, c'est que *tout* n'est pas illusion : il y a un milieu critique, un saut, un laps par lequel « je » passe, passant à une lucidité négative et paradoxale.

Et si je dis par exemple que c'est l'extrême misère de la position sujet qui fait de l'entre-nous, du partage partagé, du comme-un, de la sociabilité, si je dis que c'est l'*incommunicabilité qui se communique*, que c'est le solipsisme qui fait du commun, je montre et la rigueur du paradoxe et mon attachement, par lui, à l'être-ensemble.

Du *commun* au comme-un, il n'y a que différence quasi imperceptible, un jeu de mot, une affaire de *ton*.

*

Jamais les mots seuls, à supposer que telle réduction au phonème soit praticable, ne nous séduisent, c'est par le sens que nous sommes requis de revenir à eux, « tâche à saisir l'énigme que je te propose », par le sens nous atteignons des choses, choses de choses (sentiment, intrigue belle, aîtres), il n'y a pas d'autre voie et de là nous revenons sur les mots, les bons mots, phrases, pages, pour en jouir, cela tombe sous le sens.

*

L'abolition contrarie l'être du privilège, cette préférence première, cette symphyse de la loi avec l'exception, cette syncrèse ou catachrèse originale de l'être avec l'âtre dans la paranomase, ce pacte du symbole qui ne fut jamais contracté socialement mais nous

190

endette à jamais, telle une nature humaine, matrice de sens, indivision d'élémentaire et de vernaculaire — *privilège* du déjà-là, de l'enfance, du temps-perdu, de la tradition…

*

L'évhémérisme littéraire extorque encore à la Révélation de la figuration profane, poétique, sage. Ce qui compte, c'est la fable. Il faut que le liant de l'histoire exemplaire, la syntaxe des épisodes et des paraboles, elle-même confiée à de la narration, donne du sens et de la leçon, du mémorable et du citable, sans argumentation, que le récit vaille pour enthymème.

La manière dont une péripétie avoisine une autre, ou un *logion*, dans l'asyndète même, *ordo et connexio rerum gestarum*, le fil, irremarqué comme celui qui juxtapose les linges qui y pendent, doit lui-même fournir du sens (inépuisablement) sans transposition réflexive, par une « mythodélose » aphilosophique, une comparabilité intrinsèque (une disposition et disponibilité incessante à être prise pour *comparant* à n'importe quelle échelle de la segmentation) qui s'offre en modèle à la convoitise mimétique de « ma vie » qui veut « se comprendre ». La fable donne le fil, de telle sorte que nous ne le perdions pas même si nous « détachons » les épisodes.

*

Or si j'abjure la prosopopée, si j'expurge du dit les pronoms, les superstitions en *il, elle*…, si j'exorcise les personnages et les personnes de l'hypotypose générale, par exemple « la Mort » et ses « elle…, elle… », sous le prétexte qu'en effet la Mort n'existe pas ; si je ne *crois* même plus à « la mort »…, si je chasse toute figure, toute allégorie, toute représentation, tout schématisme…, il ne reste rien de rien… Croire, ce serait croire à de la personne. Faute de fable « ma vie » pourrait-elle avoir du rapport à de la vérité ?

*

Il n'acheva pas sa phrase. L'aposiopèse lègue la voix d'achèvement. C'est la mort qui inachève, conjuguant l'inachevé avec la donation. C'est ainsi que dans un achèvement en cours, tout ce qui vient, clausule et réticence, précipiter l'inaccomplie, procède du mourir qui inachève. Seigneur nous périssons, confiant l'un à l'autre l'héritage et la trahison. Et ce que nous, quiconque, prorogeons en le recevant, belle réception de la théorie, c'est toute œuvre en tant qu'inachevée. En tant qu'inachevée elle peut être reçue, même la bonne nouvelle promise à imitation. L'obscur est en toute œuvre puisque c'est celle d'un mourant mort, et confiable en confidence à ceux qui descendent en théorie, ainsi de suite en inachevance.

Un nuage effrangé fixe
suspend la moitié du ciel

Il est partout ni proche, ni absent
Éloigné, il relève l'horizon, affiche le milieu du ciel.
Il est partout, ni inaccessible ni approchable. Voilé
souvent, mantillé de branchages, d'azalées sauvages,
de bonzaï ébauchés
    On l'entoure, il trône. Les lacs, les routes font le
siège, le tour, c'est le trône du ciel. Fuji omniprésent,
mêtiêta comme le Zeus de nos études, plus haut que
le Ventoux, que l'Olympe de notre jeunesse
    À mi-ciel pendu, lune plus proche, plus jeune…
    Jadis avec Godo nous eussions fait phalène, offrande
à la barbe du ciel, signe au sacré reconnu

C'est lui qui est au centre
Ce n'est plus moi ni toi le moi
Je me le tiens pour non encore dit

À Kyoto les jardiniers zen ont donné le bassin, îles des rocs sur le fin gravier peigné, *comme* on le voit de loin. Serait-ce le *comme* qui vient en avant ? La chose est à une distance énorme et minimale, différente en cela de l'*objet* husserlien « à distance à la fois nulle et infinie ». Le jardin zen ne relève pas d'une « intentionnalité » ? C'est un objet non husserlien. Plus bref : ce n'est pas un *objet*. C'est un seuil d'immensité.

Éloignement et rapprochement ne sont pas confondus mais... rapprochés, échangés très vite. Mais pas à la façon dont une *Gestalt* habile oscille et se renverse au gré psychique : objet non psychologique, non-objet ; chose de poème ; jeu de confins alternés, temple de dieux de l'alentour et de l'extrême.

Peut-être l'intérêt est-il celui du jeu de la reconnaissance : nous reconnaissons un *même* comme proche *et* distant. Le proche est comme l'éloigné et ainsi est proche autant qu'éloigné. Et inversement. Un *même* en tant que tel a lieu, et le *wie* tremble dans le *als*.

Pourquoi ne sommes-nous jamais las du jeu de l'éloignement du proche ? Peut-être cependant la fable du

Grand Maître qui fixe au cœur la cible dans la nuit nous signale une sagesse plus dure qui a quitté même ce temple…

Pareil au flocon de léger métal que le sculpteur Tronquoy semait à tout vent de la pampa argentine, éolienne inutile sauf à révéler à la plaine sans horizon son vent, un sismographe irritable pourrait *montrer* à Tokyo cette terre qui tremble où ils vivent ; la plus fine secousse y amplifierait le tressaillement des ondes sous le pied, le transformant, comme chez Baudelaire un « navire en mouvement » dont les mâts engendrent « les courbes et figures imaginaires opérées dans l'espace par les éléments réels de l'objet ».

Projet, non d'architecte qui cherche à conjurer le séisme, à l'absorber en nous en protégeant, mais de sculpteur, homme *de l'art* qui doit représenter la relation symbolique au monde par quelque figuration de notre rapport local à la terre.

Tel projet de sismographe peut-il lui-même s'ouvrager sans passer par son *dit*, ou poème ? Il se dirait, celui-ci, que le *mobile* sismographe, citons Calder, aurait son *style* à trouver ressemblance, un certain *air* de famille comme on dit de ce qui se rassemble de toujours, à s'appareiller aux Kanjis, aux écrevisses, aux algues, au plan même de la ville et jusqu'aux sporades de lueurs publicitaires dans les vitrines qui s'idéogrammatisent.

Je travaillais au soleil dans une rue de Tokyo ce 30 mai. Peu après je découpais l'œuf coque par le degré 45 de latitude.

Ailleurs, car toute leur nature n'est pas jardin, la toison des arbres foisonne au Japon.

Cresson, buis, lavande (pas de lavande, bien sûr).

Les arbres cressonnent frissonnent buissonnent.

Les arbres buissent

(À B. D.)

La lune des Lumière
En noir et blanc repasse
    Sur Beaubourg
Sa version en muet

Les sous-titres analphabeto
Font de la traduction en désesperanto
    Burger Burgerking et Macdo
C'est le bastringue de la nuit Rétro

Dis-moi Guillaume où donc en sommes-nous
L'horrible sentence chronométrique
Compte à rebours le Millénaire
    3 5 0 0 5 7 2 7 5 7

Mais elle sans chevaux sans chiens sans Euménides
    Aucun navire aucun pierrot ne guide
    Mais comment peut-on être
    Aussi brillante et aussi grise

Elle aussi vierge et aussi pleine gonfle
Irrésistiblement défonce l'antenne des antennes

Rien ne peut l'empêcher de plaquer
La commémo son & lumière.

    Et sur sa tronche de miroir
    En haut l'archiaïeule
Réverbère ce temps d'avant les temps quand l'A-
Frique n'avait pas dérivé du Brésil
L'Atlantique lentement s'élargit

La Fontaine qui fut des Innocents
    Parque des arrivages
Et changeant ses culottes d'eau milieu des touristes
    Elle « ferme » soudain comme le Centre Culturel

Paris, frimaire.

UNE ŒUVRE APRÈS AUSCHWITZ

Briques ruinées, frondaisons venteuses, vieux wagons de musée ; chariots à cheval le long des départementales étroites de la Pologne actuelle ; vestiges « romains » des socles des « baraques » ; stèles en désordre, pas même entretenues, l'antisémitisme qui a repoussé les efface ; cimetières sans soins, noms moussus qui s'effacent ; petits lapins sous les barbelés de quelque usine, on dirait ; disparition du ghetto parmi les avenues médiocres de Varsovie moderne, modernisée avec tous les objets « modernes », à savoir ceux qui ne cessent pas d'être *modernisés*.

Y a-t-il une chose dont l'essence soit de figurer l'insaisissable temps ? C'est le mouvement ; figuration du temps, fable du temps. Notre temps, le temps en quoi nous sommes faits, notre morition, notre périr désire sa figure, recherche son affinité avec un mobile — désir d'image où tremble la reconnaissance ; désir de se rapprocher de ce qui s'est approché de nous, de ce qui s'offre à nous reconnaître ; rares œuvres qui nous touchent à en pleurer, à en crier « oui ! c'est comme ça ! ».

Certains artefacts, ouvrages font office de meilleurs

201

figurants dans le jeu de la figuration, dans la mise en scène du *figuratif* général de l'existence : ils ressemblent le plus à l'inconnaissable. « Nous sommes embarqués. » Nous sommes en train, dans le train de la mort.

Le train déverse ; de part et d'autre. Et il transforme de l'illimité en sillage, machine à descendre le temps. Certains poursuivent, certains fuient, et c'est l'indécision-indivision de ce but apparemment double, ambivalent, (où allons-nous ?, que fuyons-nous ? que rattrapons-nous ?) qui procure la trouble excitation de voyager et de contempler maintenant l'emblème du voyage : le train.

Shoah est un film de trains. Nous connaissons la destination « finale ». Nous, spectateurs, comme installés dans le fauteuil du destin ; nous savons où ils ne savaient pas qu'ils allaient. L'enseigne du film est cette affiche où le Charon souriant ou grimaçant, le cheminot polonais, passe la tête au-dehors de la loco, plisse des yeux qui savent, et nous savons quel geste mimant l'égorgement répétaient les compatriotes, augures le long de la voie. La voie c'était la voie.

Le problème logistique de l'extermination en fut un de cheminots, de chefs de gare, de conducteur. Et quand Primo Levi et les siens, libérés, prennent un chemin de retour, c'est le purgatoire de la *Trêve* : un convoi les déporte encore, ou les transporte, *hésitant* pendant des mois sur les rails indifférents.

Shoah nous donne la tragédie de l'Occident. Pourquoi dire *don* ? Parce que le tragique échappe, fuit ; nous le recevons mal. C'est un don parce qu'elle (l'œuvre), obéissant à la loi d'une impossibilité de représenter, loi du silence si l'on veut, ici singulièrement, la traverse, la surmonte malgré elle, et comme quelqu'un qui en revient, et ne sait pas comment « il a pu » cependant, sans lui désobéir, ressortir de la zone de l'interdit, avec ce qu'il en rapporte, nous l'offre. À l'impossible tout se tient — le tout d'une œuvre dans son rapport « diminutif » (Baudelaire) au Tout qui échappe *de toute part*.

Or c'est un film. Je devrai donc éclairer l'une et l'autre, la tragédie et le film, par l'un et l'autre — qui échangent la réciprocité d'une preuve. Comment seul un film, et *ce* film, a pu mettre en œuvre et nous donner la tragédie de ce temps. Don et œuvre, possibilité d'offrir et mise en œuvre, font cercle, s'appartiennent, condition réciproque, *échange* de bons procédés.

Il y eut un présent pour quelques Juifs et quelques SS sans nombre et sans noms, des milliers de Juifs, des centaines de SS, à chaque fois, chaque semaine d'un massacre sans fin, des milliers contre des centaines, essayons de nous imaginer cela. Quel présent ? Et quelques Juifs pour qui la chose eut lieu étaient « objectivement » — comme le langage totalitaire, stalinien celui-ci, nous a contraints de dire — objectivement, donc, serviteurs des SS. Ce qui eut lieu sans avoir lieu pour le monde, sans être connu des autres, du monde, des Alliés, du peuple allemand, de tous les *intéressés* : a disparu. Nous, spectateurs pétrifiés et cathartiques, nous voyons l'absence de trace : sous le vent de la forêt qui a repoussé, le charnier ; pas même le charnier, mais le savoir de l'emplacement du charnier connu maintenant. Nos yeux peuvent ne pas en croire leurs pupilles : il n'y a rien — que le vent. La fosse commune est plus vidée que du temps où l'évidaient les esclaves juifs pour brûler les restes. Est-elle vide ? Pas même. Elle est comble, comblée, d'ignorance. Le « lac des cendres » a ce nom qu'on dirait être d'un lac en Chine ou d'une tache sur la Lune.

La Quête du Témoignage lutte contre deux doubles refus ; celui de l'Allemand : « Je n'y étais pas. Ça n'était pas ce que vous dites. » Celui du Juif : « Ne me demandez pas de me rappeler ; je ne veux pas me retourner vers ce passé. Le transporté, le déporté, n'a jamais su ce qui se passait. Ils furent gazés sans y croire. »

Pierres. Les pierres levées même, ces « alignements » modernes, ce Carnac de stèles européennes, avec son côté « mauvais goût », même, il faut aller jusqu'à le signaler, de *décoration*, parfois, d'aujourd'hui, dans une galerie d'art moderne. Les pierres orphiques, rameutées ici par l'œuvre comme d'énormes larmes pétrifiées, assemblées, sous le nom du pays des suppliciés, portant leurs noms ; cénotaphes bourrés de douleur comme la douleur de Trakl devenue pierre, émeute de granit pétrifiée de douleur, comme si de proche en proche toute pierre grande devenait épitaphe sans inscription, tandis que les tombes mêmes du souvenir — tombe de « Cherniakhov » — érodées rentrent dans le roc de l'inéclaircissable ; horripilation de la terre antideucalonienne où les hommes rejetés sont devenus des pierres, anti-terre, anti-matière, anti-histoire, échéance en blocs du « désastre obscur »… Mur de lamentations.

On ne verra rien de ce qu'ils rapportent. Nous voyons la lande, le chemin, la forêt, la rivière du chant, le lac des cendres ; dans le lac des cendres il n'y a plus de cendres ; sous la lande il n'y a rien. Nous voyons des chevaux, des visages, des larmes, et la Ruhr, la sortie de l'église polonaise, le salon de coiffure israélien. Nous voyons les choses d'aujourd'hui, des spectacles de notre monde, et nous entendons le récit, les récits, les réponses aux questions de Lanzmann qui tombent aujourd'hui, qui regardent un champ d'aujourd'hui, des paysans polonais, les immeubles laids « à la place » du ghetto de Varsovie. Tout a disparu de ce dont parlent les derniers protagonistes, témoins de ce qui n'est pas exhumable : pas d'autopsie, pas d'excinération, dans la clairière il n'y a plus rien que le vent, sous le lac il n'y a plus de cendres.

Nous ne verrons pas « quelquefois ce que l'homme a cru voir » ; nous voyons leurs yeux qui ont cru voir. L'événement, dénommé Auschwitz, qui s'est produit comme ce qui disloque les homonymies, sépare (jusqu'à *Shoah* ?) la relation entre tragédie et Tragédie, cela sur le site, sur le seuil du site *éteint* duquel nous reconduit le travelling qui porte nos yeux en train, comme si nos yeux pouvaient refaire, mis dans les yeux des survivants et de tous les morts, le voyage du train de la mort, l'événement nous arrive aujourd'hui comme la lumière d'une étoile jaune disparue, quarante années-ténèbres APRÈS.

La parole tragique serait-elle rendue possible, par une relation (film) à l'ultime relation (témoignage), à la disparition de tout ce qui fut la tragédie de la « Vernichtung », de l'anéantissement, comme à des yeux énucléés, aveuglés, de témoins exorbités par l'horreur de ce qu'ils ont vu ; nous regardons des yeux aveuglés — des yeux de témoins qui parfois, étrangement, ont peu vieilli, à peine blanchi, contemporains intemporels de ce qui a « arrêté le temps », ou quasi muets comme le « dernier Juif » du village polonais entouré de la paroisse actuelle. Comme si la contrée du « il ne reste rien » où nous ravit la caméra, cette absence de traces de la « solution finale », indiquait la radicalité de sa dévastation.

« Tous » les chemins forestiers du monde, sous la caméra, Feldweg et Holzweg, deviennent à ce moment des couvercles de fosse commune, des cénotaphes de boue, de tertres, des tranchées comblées de mort : les allées et venues de la mort y eurent lieu, y firent lieu, traces et recouvertes. Les allées de forêt sont devenues les monuments de ces allées et venues de la mort, que la caméra reparcourt ; à pied. C'est là. Est-ce ici qu'ils furent abattus, « froidement » ? C'est sans doute ici.

Comme un endeuillé pensif revenant sur une fosse marine au nulle-part du vieil océan, lieu sans place où se noya celle qu'il aimait, c'est là qu'elle disparut, et sa disparition avec, il tente d'halluciner ce vide de la disparition, il n'y a rien, que l'eau qui gonfle et dégonfle, « c'est là, oui ».

Il y a. Le « il », ce grand sujet neutre, a ; a cela, ici. Ce que nous nommons « il », a, là-même, y ; et il a quoi là ? Ce qui suit ; ce qui va se dire.

L'événement, celui qui eut lieu, n'est pas représenté. Un événement a lieu maintenant sous nos yeux au cinéma. Quel est-il ? Il est celui du témoignage même, du témoignage rassemblé à grand peine, à grand'pitié, avec de la cruauté. Le témoin fut recherché, quêté, éveillé, accouché, forcé. Des hommes entrent dans leur être de témoins — sous nos yeux. Le cours du monde actuel, pareil au géant glacé du roi Arthur de Purcell, ne désire pas ce réveil ; ne désire pas ce témoigné ; mais désire sa léthargie.

Ceci est un film, et de quête. Mais ce n'est pas un film de fiction. Il n'y a pas d'intrigue policière, d'énigme provisoire qui sera dénouée. Il y a une énigme de « l'impossible-réel » qui entre dans son être d'énigme, à leur corps défendant, à leur cœur répugnant. Ni un documentaire ; si un documentaire est une caméra qui s'est portée auprès de l'objet à rapporter en images photographiques : la mine de charbon, le porte-avions, la station de sports d'hiver, qui existent et que le cinéaste est allé visiter.

Shoah : « ni documentaire, ni fiction », écrivit Simone de Beauvoir ; même si c'est une *confection* recevant sa contenance, sa perfection, de son obstination à retracer la défection de ce qui aurait dû être l'incontestable, le constamment mémorable. La chose est le film. Le film est l'événement ; et chaque fois qu'il est montré.

Les acteurs, quelques survivants qui ne veulent pas revivre leur mort, le passé, quelque quarante années plus tard, à la retraite ou loin de la mémoire, pareils à de vieilles gloires revisitées, ne désirent pas se souvenir d'avoir été cela.

La chose-vue ne *dit* ce qu'il en est que si, par un renversement du regard ordinaire, elle est vue comme prémices, comme comparant, figurant, de l'Indescriptible, du *tout* qui échoit *comme ça*. L'insensé échappe en échéant si je n'ai pas la *justesse* de reconnaître dans ce que je vis et vois une figure de la non-chose *(Unwesen)* qui fond sur nous en se dissimulant dans du visible local, désymbolisé.

Les fonctionnaires de la solution finale, les SS dont les ronds de cuir, taillés dans la chair juive, étaient retaillés en bottes, gants, baudriers, étuis noirs, écussons de fantaisie, prétendent avoir été des Fabrice de l'horreur sans précédent.

Le révisionniste n'est peut-être pas tant celui qui n'aurait pas pu voir la chambre à gaz en activité, voyant seulement *comme la plupart* « le centre de tri des arrivants », puisque aucun « petit fait vrai » n'a la contenance d'un signifiant de la vérité épochale de la phase où nous en sommes ; mais celui qui refuse la vision de la vérité, la prophétie *Shoah*.

Il est plus facile de tirer de la disparition, de l'effacement presque complet de ce qui s'est passé, la preuve de son inexistence. Surtout quand, comme par tel fonctionnaire adjoint de la « protection » du ghetto de Varsovie, la catastrophe est toujours menacée de n'avoir pas eu lieu. Pour les Juifs *précipités* dans la fournaise au moment où ils pensaient entrer au camp de travail, l'incroyable n'eut pas le temps d'avoir lieu. L'œuvre construit le temps de l'avoir-eu-lieu.

L'espèce de cette non-chose, *Unwesen*, « monstre », errait encore jusqu'à *Shoah* (qui, bien sûr, ne fut pas sans prémices, n'oublions pas *Nuit et Brouillard* et quelques autres documents) à la recherche d'un lieu.

Y a-t-il une « preuve ontologique » du Mal radical ? Croire l'incroyable est aussi « impossible » dans le cas de Dieu que dans celui du Mal absolu ; requiert une liberté de la pensée qu'il faut peut-être rapprocher du pari. Comme pour un philosophe qui s'appliquerait à tirer de l'*impossibilité* de la perfection diabolique (ou de la possibilité de l'imperfection diabolique ?) une « preuve de son existence », c'est d'une destruction, d'une abolition, d'une « solution », celle que d'anciens bourreaux minimisent, dont les témoins détournent leur face, que des historiens dénient — que notre croyance tire, comme d'antimiracles, la preuve que fut localement et mondialement le pire des mondes possibles.

Et toute la production gémit; où le poème de la bande-son.

Accompagnement de plaintes? Oui; mais ainsi : ce sont les grincements criards, les cris des wagons actuels, c'est-à-dire de ceux que le spectateur perçoit à l'écran qui furent filmés en 1978 (par exemple), qui passent en grinçant par la diagonale de l'écran, et c'est dans le rapport des paroles des témoins en ce moment (dans ce « plan ») à ces gémissements métalliques que l'on *peut* entendre une sorte de musique plaintive, une leçon de ténèbres. Le train qui passe, en 1978 et sous nos oreilles dans la séance d'aujourd'hui, fait chanter une relation musicale de ses bruits de fer aux lamentations des mourants déportés évoqués. Les sons deviennent musique du film, « accompagnement », à ce moment. Et si la plainte se fait entendre, chant de sirènes funèbres qui capturent un vivant, c'est discrètement comme par un rapprochement fortuit et inévitable : une belle coïncidence, la justesse qu'à ce moment où l'on évoque ces convois d'agonisants, tout l'acier, tout le bâti, tout le *train*, ou, comme Paul de Tarse disait de « la Création tout entière », ainsi toute la *technique, la production tout entière*, gémisse; et tout en effet gémit à ce moment grâce aux wagons qui passent en gémissant.

Nous nous souvenons d'avoir vécu et comme
De moins mortels nous rions sur la réserve des vivres
La lune en rond parfait comble la préhistoire
L'océan se soulève plus haut que l'horizon
En trois-mâts repasse le fantôme du Golgotha

Travaux pour un rectangle

ÉCRIRE

La croyance est que cette nuée mentale, cette boule de suie et de feu, cette obscurité qui passe dans la tête un instant — *uno intuitu* —, voici qu'un long travail de démêlage, de description, une analyse retorse et vétilleuse, prompte à ré-agir avec effet rétroactif, viendrait à bout de la déchevêtrer, de la postparer, de n'en faire qu'une bouchée — intelligible.

Ton nom est équilibre. Entre quoi et quoi ? Le répartir est difficile ; mais il suffirait que certains éléments, discernables dans l'après-vue, soient altérés, grossis ou réduits par exemple les chiffres en palimpseste, 0, 4, 6, 9... pour que soit déséquilibré l'ensemble.

Ce pétale d'espace qu'interpose l'œuvre entre là-bas et n'importe où, cette taie devant l'œil pour qu'il y voie, signet mémorable glissé entre le trop proche et le trop lointain dans le feuilletage indifférent ; cette surface de réparation protège notre espace, le fait recommencer de fluer ici ; un regard coïncide avec la source du regardable.

L'espace ne se dispose que quand on l'expose.

Le carreau du temple est radieux.

POUR PIGNON

À la nue accablante tu

STÉPHANE MALLARMÉ

Dans cette langue on dit qu'on reçoit, absolument, quand on donne — une réception. Beau chassé-croisé de significations antérieur à la définition lexicale, qui gage d'antidote chacun de ses côtés ; qui fend l'*étymon* et renoue le sens sur soi d'un double sens plus secret que du « propre » au « figuré » ! C'est un plaisir de recevoir les *Grands Nus Rouges*. Ils nous reçoivent en nous donnant ; que pouvons-nous leur donner en retour ? Ou : qu'avons-nous déjà donné à la peinture ? Chacun a-t-il donné en premier et le plaisir ici est-il de cette réciprocité d'échange second, ou symbolisation ?

L'émotion dont procède un tableau, beaucoup plus complexe qu'une « sensation », Pignon en a parlé : « La chose vient » ; le peintre va pouvoir « lui donner l'existence ». La nature se rassemble à nu, pour permettre le d'après-nature, que le dessinateur entoure et pénètre de soins sans relâche avec ses carnets, comme un auteur insuffle à une interprète aimée sa diction à elle qu'il va reconnaître comme sienne. Alors il peut peindre « d'après-dessin ».

Or tout est plus nu avec le NU. Et comme une

montre montre l'heure, le cadran solaire de la femme lovée en chair et en sexe montre gnomiquement l'intensité de la lumière. Condillac ne demandait qu'une odeur de rose pour animer sa « statue » ; Pignon nous donne une couleur de rouge pour nous exposer la figure en sa gésine d'apparition.

On dit qu'Apollon écorcha Marsyas le musicien rival. L'écorché rutile quand il est peint (Vésale, Gamelin, Soutine…). Apollon sur les plages d'aujourd'hui pèle les baigneuses. Pignon, lui, ne les dépèce pas, et c'est plutôt de l'antonyme dont nous aurions besoin. (Notons qu'aucun titre mythologique ne suggère un procès de métaphorisation.)

Non dépeinte (décrite) mais peinte (définie), leur nudité éclot et se reclot en pétales sanguins, pivoine rilkéenne. Pétales des diastèmes : le dessous vient en avant ; la droite et la gauche s'encerclent, le bas et le haut s'allongent, fraternisent. Cette nue est le nu vu de toute part — « géométral » et non géométrique — comme l'âtre de ce qui ensuite pourra être, mais hors peinture, une « perspective ». La nue n'est pas encore la vue. La nue n'est pas en perspective, plus ou moins distante parmi d'autres qui la cachent et qu'elle cache — mais exposée sur un plan où il n'y a que la peinture. Où est-elle ? Elle s'avance à déborder, presque, un tableau.

Déborder ? S'enlacent ici les deux éléments, eau et feu, et le murmure de ma visite parle double.

Dans la ci-devant nature, il y a un spectacle qui est comme de l'origine, et qui est notre tête de Méduse : c'est celui du feu, où la genèse indivise de la matière et de la couleur se donne en spectacle. Ne représentant rien d'autre que l'élémentaire se montrant dans son élément, il dévore — il se communique. Nous nous consumons pour lui sur place, il est plus amoureux de soi qu'un nœud de langues, il prend racine dans sa vélocité, l'orange renaît de sa noirceur. Pignon l'a laissé venir, ardent, transporté en maints combats : de coqs en flammes.

L'être qui transit les éléments, « l'homme » multiple, ligateur et travailleur, qui plébiscite le phénomène, Pignon surprend et expose ses ruses et son bonheur d'être mêlé aux éléments, de s'en arracher : ce sont plongeurs en touffe acrobates de la vague, ou les électriciens baigneurs du haut, aériens à contrepesanteur.

Ici le NU rouge des nues. Parfois elles se baignent à deux comme des hippopotames de couleur maintes fois dans le même fleuve de lumière. L'une est sortie de l'eau, lourde anadyomène, elle accouche de ses seins, concentrée. Les hanches d'une autre, comme la fameuse cruche du philosophe, le peintre les remplit d'écarlate, elles offrent leur contenance, le rouge y roule, ne bouge plus, il ne perd pas contenance, ni ne se fige abstraitement — il se communique. La recrudescence de Midi et le pourpre en crue déborderaient si le peintre dans son ubiquité vigilante ne les bordait. Ce rouge, pour qu'il sorte de son lit sans s'étaler, sans inonder, il faut lui indiquer un lit : c'est la silhouette reconnaissable, la figure — à cru et à sang.

SCALÈNE SCALAIRES

pour Marie-Carmen Hernandez

Les murs ont des boucles d'oreilles.

Une échelle de satin se fait la longue échelle jusqu'au balcon où l'amant de Vérone vient de sauter. Juliette relève ses lacets polychromes.

L'ange a tiré l'échelle. Les acrobates font sécher leurs cordes à nœuds. Le petit pois grimpeur des Contes s'est enchiffonné pour la fête des ascensions. Le sublime ramasse ses filets.

Rets, croisillons, entrelacs — toute la trame de l'habitude humblement soumise —, voici que l'artiste rétiaire l'exhibe : l'âme d'un artefact (et tout ce travail obscur de mercière, d'enrubanneuse !) ordinairement cachée comme Marthe, sort de l'usage pour se donner en exemple, offrant ses nouveaux services : libres, disponibles, pour entrer dans la comparaison, fournir des parures comparatives ; lisser un nouveau rapport entre la tapisserie et la harpe polygone, entre le métier et une lyre à cent cordes, entre la mosaïque et la musique… ; relation qui attend d'être cueillie, dite, reprise dans une fable : celle-ci.

Ce qui est (on dirait par exemple un nocturne Manhattan) est, aussi, en étant comme, tressé : le ciel rouge est à tordre, les gratte-cieux violets rempilent comme des mailles.

Cosmos — telle est la preuve de l'étymologie — c'est une belle coiffure. *Comb*, le peigne anglais, en fait mémoire. La cosméticienne, la combiste, elle natte les verts et les roses, elle tord un microcosme de bigoudis africains : beaux tores musclés, pareils à des gants de pancrace ou à des ligaments bandés de danseurs nippons, ils captent, resserrent, et font ressortir l'énergie qui strie le vide ; filent et contractent les courants de lumière comme des pylônes de notre éclairage. Ce réseau, toutes ces parallèles bonnes conductrices de couleurs, avant de disparaître à l'infini, se pressent, se tangentent, se croisent, se repoussent ici : un barrage étoffé où du temps s'est accumulé, et qui stalagmise ou défile maintenant devant nous en strates, en prismes, en bandes moirées.

Matière de vannerie, mémoire de tissanderie, on dirait qu'elles font provision : toute une économie de réserve et de réparation, d'engrangement, de tassement, d'espacement ; et c'est la fonction des œuvres d'échantillonner cette production pour elle-même. Elle enfile les anneaux de cuivre et de chlore, elle démultiplie la toison d'or, le gilet bigarré des pages, les résilles de soie, et maintenant elle bouche la perspective du cadre avec de fins pansements nuancés.

Or un nœud, ça n'a qu'un dénouement possible « dans la vie » : ça se tranche. Mais on ne peut trancher un nœud que si on n'a pas compris l'essence du nœud, pas réfléchi au dénouement ; bref : quand on est « jeune », et que l'impatience de ne pas comprendre mute en colère qui coupe. Dès qu'on entre dans le nœud, on devient Moebius, on ne peut plus trancher — Adieu « gordien »... on devient gardien des nœuds.

FABLE DE ZEN ET DE ZÉNON

pour Christian Jacquard

L'artifice du feu scelle une brûlure du quatrième degré. Graphie ombreuse de lumière, je peux ne voir qu'elle, ou voir à travers elle ; je puis rechercher la catastrophe incandescente qui l'inscrivit, ou la scruter comme une mantique — sans prophétie. La combustion iconoclaste a refait du visible — La figure vincienne retourne à son mur écaillé — un sens nous sommes, avides de signes.

Ce qu'on n'oserait faire, brûler la nappe, est monté en paradigme : un « j'ai osé » hante le filigrane comme une légende sympathique.

Qu'a fait ce peintre qui ne peint pas ? Il a tiré dans la nuit une flèche ardente qui invente sa cible changeant le blanc en but pour son coup infaillible. Qu'a fait le peintre en ne peignant pas ? Il ne décrit rien, il définit. À quoi je dois correspondre par ma définition. Certes, selon mon pouvoir je pourrais bien nommer la trace d'un nom qui l'adorne par approximation :

... crème cramée sperme de sangsue
équilatérale éruption ; cratère aplati
hippocampe de Pompéi ; ralentisseur de particules...

Mais le danger de l'abstraction est que la tache ne fasse une tâche à Rorschach où s'extasie une persistance entoptique de visiteur...

La raie au chrome ocre se dirige
On dirait figés deux moments éléates
Le procédé procède vers des bords inaccessibles
Ça pousse comme un ongle.
La paroi la dépèce l'écartèle
Sans tête sans viscères sans muscles ;
Que ne lui restent que la peau et les mots !

... mais les mots, c'est mon affaire ! J'aurais beau les déchiqueter, dépecer, empiécer, je n'en tirerais, un par un, pas la pensée. Le terme épinglé ne dégorge que peu de moelle, et l'entomoétymologiste ne fait pas long feu. Les belles choses ne commencent qu'avec la phrase porte-sens.

Qu'a fait le peintre ? Le blanc, il l'a changé en cible pour son trait, a fait le blanc du blanc, comme l'autre fait le silence avec des sons — car le banc n'est pas de nature ni raidi made...

Ce qu'ordinairement on néglige, usure ou érosion, cloque aride terrifiée, ordure, cendrier de cendres, se présente ici en précieuses cicatrices, luxe inguérissable.
Suture de silence et de spaciosité, quadrature d'éléments, carte d'une rétraction détaillée d'où l'agrandissement peut recroître, paratonnerre de foudres oppugnantes... un récit d'oxymores s'en empare.

La prompte attention rejoignit une genèse à la trace, patience en mal de cet « absolu » : l'événement et sa trace, la circonstance et son poème, comment remonter à leur coïncidence, les replier, deux en un, et que la trace ne retrace que l'événement de son tracé !

Rien n'aura eu lieu qu'un *fiat*.

LÉGENDES SUR UN LIVRE-BOUQUET
COMPOSÉ PAR LE PEINTRE DORNY

Une étiquette de préciosité
Vous dira le prix
Des feuilles artificielles

« Comme des *fleurs les mots* »
sont mis en pots
Le monde repasse partout

Artifice, ô définition,
fais la fleur !
Une fleur sans pétale à qui manquent les tiges…
C'est le bouquet !

Il s'en faut de peu il s'en faut de rien
Il s'en faut d'un tour
pour que le potier peintre nous change
en étranges plantes sur les étagères

Trophée d'Orphée
Une métamorphose repasse à l'envers
Les feuilles de Daphné se changent en feuilles
qui portent les mots immortels de sa fable

LE MÉTRONOME

Qui bat là
Une phrase de langue
Au vent du je u

Neume du mètre
Le balancier confie
Le temps à la diction

Rythme seuil il faut
Qu'une porte en mots
soit ouverte et fermée

Longue brève et pause
Le temps passe
Il repassera

Il y a du comme dans l'être
Un air de famille un air de rien

Le courant d'airs
tourne les pages
ça ne fait pas un pli
mais six

Encore un instant
Monsieur le lecteur
Le temps d'un mot nu
Entre deux tournes

Ce qui me chante
se plie
Aux calibres des couleurs

POÈME À UN POÈTE

1995

À Jude Stéfan

J'ai descendu dans mon jardin
Celui d'*Ouï Dire* avec son jardinier
Roulé sur son échelle roulante
— la supplique du soleil aux genoux des femmes
du gravier où déjà le poème commuait la peine —
Avec un volume de Jude *Aux chiens du soir*
Ou des *Parques* ou de récentes *Scholies*
Trouvé où je ne le cherchai plus
Entre, mettons, Musil et Suarès ou Jodelle et Lu Xun
Plutôt qu'entre Staro, Strabon, le Stagyrite
Les noms qu'il prend communs dans son poème
Très économe des ruses typographiques

L'été revenait si clairement hier
Que la perfection fut de ce monde
L'été que seule la météo sait dire
Ou l'insensée comparaison qui entrepose
La mort la maraîchère la parataxe
Ou *Steorfan* (mourir en vieil anglais)
Et la sterne la visiteuse de l'été

Stéfan le stéfanien commence
Comme Styx ou Stoa, stolons ou stèles

Qu'avons-nous d'autre à faire sénescents
Comme le Narrateur qu'à repasser l'*escence*
Commuant ce vieillir en *stygiennes* en *stoïciennes*
Il ne se donne guère plus de 20 000 jours comptés

Le Comité raconte page soixante et un
La soirée 6.4.86 de lecture à Chaillot
De Jude le clair Jude l'obscur
Notre vie sporadique avec Jude sa tête de **Greco**
Stefan le couronné maigre lauré de barbe
Comme Ronsard comme Montmorency
En *famille* on discute des *airs* Mais
La ressemblance n'est pas une affaire d'opinion

Sa phrase en thyrse avec le vers
En tmèse en rapportée grammaticale
Il n'y a pas que cette latinité de *pierre* Ponge
Mais de Catulle Ovide Ausone Klossovski
Les mille ans de l'ancienne corruption
D'avant l'hygiène et le nitrobenzène
La vieille phtisis putrescible effervescente réversible
La parque tropique et la composition licencieuse
Anaphores anacoluthes anacrouses apocopes

Des gémissements de meuble font signe
Trois ou quatre syllabes grinçant l'oracle
— à refuser : pas d'audible sans médiation
L'entremetteuse la poésie n'est plus sybille

Verbe il y a quand *retrousser* ne veut
Plus (dire) lèvres jupes ou babines
Mais un mouvement parmi d'autres qui mondoyent
Une figure de pensée par le jusant du monde

Rien ne te force comme on dit
Il y a donc entre l'immense condition pressante

228

Et ces papiers en papier un saut
Si toute chose sertie de néant est aussi loin que près
Il faut y aller, salto mortale, chute libre
Outrepassant le cerne de néant, ce rien qui n'est pas
    rien
— et c'est pourquoi ils parlèrent de création
Je vous accorde toutes vos causes et vos raisons
Mais je rappelle cet enjambement
Ars facit saltus entre l'esclave et son chant
Il y a de l'inconséquence Avec ses foucades
Le poème brusque les approximations

Il faut le point cap sur la mort comme Palinure en
    Énéide
Un sextant de lexique de spondées de syncopes
Il césure où il veut il enjambe
Et cet enjambement prescrit dans nos manuels
Enjambe librement le néant qui manque
Change la circonstance en relations
Selon des amers en province relevés
— le carlin Cervantès et vessie camelia caisses —
À ce moment qui est comme jamais
Qui nous parvient de lui être arrivé

Dans une pietà il y a aussi une chiffonnière
De l'aube qui tend à d'autres un déchet son trésor
Et ainsi dans toute chiffonnière à l'aube
Il y a une pietà qui tend un fils à l'espace
À l'aube un scribe sur l'épaule
Qui signe la pierre ou le poème de pitié
    Et le destine aux contrariés

Feue la cendre éternelle fut moins pérenne que sa proie
L'urne périmée sur l'étagère nous lègue comme un
    comme proustien

Un peu de temps à même à l'état roturier
Une temporalité de temps non pas le temps « lui-
    même »
C'est aussi émouvant que de lire une lettre
De Pompeï l'instantané de cendre
Le poème négatif (aujourd'hui la photo ?)
Comme dieu l'incendiaire par ses feux de broussaille
    Manque de preuves

Or la prime le plaisir c'est
l'exploit de *gibecière* hors contexte
De chasse ou de bricole, sorti
Du chômage sémantique et de la queue alphabétique
Occurrences de smicard au journal
Il a trouvé emploi qui le met en valeur

Lecteurs ? Oui, brocanteurs
Chiffonniers de ce qui fut
Cela qui fut comme tel est le trésor
Cartons onyx ombrelle et lansquenet
Que nous devons nous repasser c'est tout
tes moyens sont ma fin
ta fin sert mes moyens
Si je te sers c'est toujours moyennant
En même temps certificats bottines, grabuges

Le poème impose un ton précautionneux
Avec *lueur* ou *succombe*, ce que
J'ai appelé diérèse qui soigne
Comme s'ils sortaient d'usage par expertise
Rubis taillé au singulier (quoiqu'en rubis)
— ce fut diamant au dix-neuvième —
l'opale ralentie réversible à repasser
(ou « le vin tanique, boisé, à robe grenat
rond en bouche comme ta langue velours »)

ou bien femme l'apophonique
l'affutée l'élidée la contagieuse
Où se paronymisent la faim l'âme la fama
l'enjambée qui affame et diffame

L'ICONOCLASTE

1998

J'invente ici le poème où s'abrège et se remémore
le livre que je viens d'intituler de l'énergie
du désespoir. C'en est une dernière version.

Plutôt que de rien comme Guillaume
Je puis écrire un poème avec tout-et-rien
En tout rien tout bonheur
Est-ce cela que l'on attend ?

Tu seras réduit en temps
Sablier ton corps passe en âme
Ton âme distendue
Poussière maintenant heure par heure
Tout devient temps. Le temps se perd
La mort étend sa pulvérisation
Que restera-t-il entre les seins de la parenthèse ?
Tes dernières paroles

En quoi croit la croyance,
En l'expressivité
Et qu'un dehors veut dire…
Que regardent-ils ?
Ce qui les regarde
— c'est le stade du visage.

Que ton visage n'exprime rien
Je souhaite que s'y annule la différence
Entre un dedans et un dehors

Nous savons
>Que le temps a duré des millions d'années ; que le
>soleil mourra ; qu'il n'y a pas d'autochtonie ;
>rien que de l'errance et de l'évolution. Pas de
>création, pas de propriétaire, pas d'élection. Il
>faut refonder sur l'Ecclésiaste — c'est-à-dire ne
>plus fonder.

Et de même que le singe de K. cherchait un sortie hors
du simiesque dans « l'humain », de même : l'homme se
dégagerait en cherchant une sortie de secours hors de
l'humain dans le non-humain. Qu'est-ce que le non-
humain,
qui n'est certes pas l'inhumain ? Il nous faut aller là
où nous ne sommes jamais allés, sans retour.

Trans-en-danse
Le *trans* est la fiction

Comme si là-bas était au-delà
D'au-delà nul ne revient
Mais de là-bas comme si d'au-delà
Où il nous faut aller en connaissance de comme
Fiction tenue d'un outre-lieu
D'où le monde sera au ciel comme sur la terre

Je cherche par où l'être-comme n'est pas l'être-
à-l'image.
Cherchant comme quoi il est et à quoi ressembler,
l'homme-nous

n'aura plus en tête cette assimilation au fac-similé de
    son
simili. Ne plus imaginer veut dire ici que la forme
    humaine qui
tire en avant ne soit plus une forme pour les yeux qui
    nous
en mette plein la vue.

Le principe est celui de l'hospitalité
La poésie est l'hôte (du poème) de la circonstance
Quelle est la circonstance,
Mais voici l'essence de l'hôte :
On ne sait pas QUI c'est
        — c'est la vieille Démeter méconnaissable
        Au foyer brillant de Céléos
        Qui trempe en secret l'enfant
        Dans un bain de braise

Les deux hôtes recevraient
L'un de l'hôte une identité ?
La relation leur apprend la manière d'être

L'imagination est l'hôte de l'inconnaissable
Ayant plongé au fond de l'inconnu
Elle en revient en poèmes chez les humains
Leur dit avec les images
C'est inimaginable mais c'est comme ça.

Michel Deguy, né en 1930 à Paris, est professeur à l'Université de Paris VIII. Président du Collège International de Philosophie de 1989 à 1992, il préside la Maison des écrivains (jusqu'à fin 1998) et le Centre International de poésie de Marseille. Il est rédacteur en chef de la revue *Po&sie* (Belin), membre du comité de la revue *Les Temps modernes*. Après les prix Fénéon, Max Jacob et Mallarmé, il a reçu le Grand prix national de poésie (1989) ; et, pour la revue *Po&sie*, le prix de l'Encyclopedia Universalis.

Il a publié :

Les Meurtrières (P. J. Oswald, 1959).
Fragments du cadastre (Gallimard, 1960).
Poèmes de la presqu'île (Gallimard, 1962).
Le Monde de Thomas Mann (Plon, 1962).
Biefs (Gallimard, 1964).
Actes (Gallimard, 1966).
Ouï dire (Gallimard, 1966).
Figurations (Gallimard, 1969).
Tombeau de Du Bellay (Gallimard, 1973).
Poèmes 1960-1970 (Gallimard, 1973).
Reliefs (d'Atelier, 1975).
Jumelages, suivi de *Made in USA* (Seuil, 1978).
Donnant Donnant (Gallimard, 1981).
La Machine matrimoniale ou Marivaux (Gallimard, 1982).
Gisants (Gallimard, 1985).
Poèmes 1970-1980 (Gallimard, 1986).
Brevets (Champ Vallon, 1986).

Choses de la poésie et affaire culturelle (Hachette, 1987).
La Poésie n'est pas seule (Seuil, 1987).
Le Comité (Champ Vallon, 1988).
Arrêts fréquents (Anne-Marie Métailié, 1990).
Axiomatique Rosace (Cartes blanches, 1991).
Aux heures d'affluence (Seuil, 1993).
À ce qui n'en finit pas (Seuil, 1995).
L'énergie du désespoir (PUF, 1998).

Traducteur de Heidegger (*Approche de Hölderlin*, Galli-mard, 1962) et de Paul Celan (revue *Po&sie* n° 9), il a aussi édité avec Jacques Roubaud *21 poètes américains* (Gallimard, 1980). Avec Jean-Pierre Dupuy, il publie *René Girard et le pro-blème du mal* (Grasset, 1982); avec Florence Delay, Natacha Michel, Michel Chaillou, Jacque Roubaud et Denis Roche, il compose *L'Hexaméron* (Seuil, 1990); avec et pour Claude Lanzmann, *Au sujet de Shoah* (Belin, 1990).

Son travail a fait l'objet de plusieurs études; notamment de Pascal Quignard, chez Seghers (1975); de Max Loreau chez Gallimard (1980), et de Jean-Pierre Moussaron : *La poésie comme avenir* (Montréal, Grenoble, 1991). Un colloque inter-national (ENS de Fontenay, 1995, « Le poète que je cherche à être ») lui fut consacré, dont les *Actes* ont paru en 1996 (coédi-tion Belin-La Table ronde).

Préface d'Andrea Zanzotto   7
Avant-propos de Michel Deguy   17

Gisants
    Relais   23
    La Seine était verte à ton bras   29
    Projet de livre des Gisants   35
    Relations   49
    L'effacement   63
    Mesures pour mesure   91
    Le journal du poème   99
Brevets   127
Arrêts fréquents   139
Aux heures d'affluence   169
Poème à un poète   225
L'Iconoclaste   233

Note bio-bibliographique   239

DU MÊME AUTEUR

Dans la même collection

OUÏ DIRE. POÈMES I, 1960-1970.
POÈMES II, 1970-1980.

Ce volume,
le trois cent trente et unième
de la collection Poésie,
a été composé par Interligne et
achevé d'imprimer par
l'imprimerie Bussière à Saint-Amand (Cher),
le 15 février 1999.
Dépôt légal : février 1999.
Numéro d'imprimeur : 425.
ISBN 2-07-040786-1./Imprimé en France.

89358